U0554922

广 西 铜 镜

广西壮族自治区博物馆　编

主　编　黄启善

副主编　蓝日勇　陈小波

文 物 出 版 社

2004 年　北京

《广西铜镜》编辑委员会

主　　任　　黄启善

副主任　　　蓝日勇　吴伟峰　陈小波

委　　员　　潘郁生　周　敏　党春宁　杨小菁

主　　编　　黄启善

副主编　　　蓝日勇　陈小波

文字撰写　　陈小波

摄　　影　　党春宁

拓　　片　　杨小菁　蓝日勇

序

广西壮族自治区博物馆黄启善馆长嘱我为《广西铜镜》写篇序言，我欣然应允，尽管当时还没有看到此书书稿。

首先，我觉得为《广西铜镜》写篇序言或书评应是我的责任和义务。很长时间以来，几乎没有见到省、自治区、直辖市一级文博考古单位编辑出版的综合性铜镜专著了，这无疑会影响对铜镜价值的认识和定位。据我所知，不少地方经过考古发掘和出土有据的铜镜资料无法整理出版，特别是市、县级文博单位收藏的铜镜。究其原因，少数单位收藏数量虽多，但出版经费有限；多数单位收藏数量较少，难以汇编成册。如何将这些分散的资料集中起来，整理出版，乃是广大文博考古工作者、铜镜收藏家极为关注的事。《广西铜镜》编辑委员会为此做了很多工作。从编著者的后记中可以知晓，这是一件困难和复杂的事情。在这里我要赞扬这种团结协作的精神，也要感谢为此书出版问世付出辛劳的编著者。

其次，我认为《广西铜镜》的问世更具有一定的历史和现实意义。广西地处岭南，现在又为壮族自治区建制，历史的变迁、民族的分布和自然的赐予，使这里山清水秀石美，民俗民性民风多姿多彩。历史和民族文化的多样性在古代众多文物上已有显现，那么在本书所论及的铜镜文化中又将有什么样的特点呢，这是我们必须考虑的一个重要问题。

最近，我有机会初略看了此书书稿，更觉得其特点鲜明，有必要向读者予以推荐。

第一、收集资料丰富，来源有序，反映了广西藏镜的基本面貌和较高水平。本书所选铜镜是自治区内的许多市、县文博单位的藏品，以出土为主，传世为辅，共二百三十二面，大部分首次公布，以飨读者。书中铜镜从战国至民国时期按时代分类编排，可以明晰地展现广西铜镜的发展阶段和各代铜镜的特点。

第二、重点突出，主次分明，为研究两汉铜镜提供了新的考古发掘资料。本书给人印象最深也最为重要的是汉代铜镜部分。其实，早在几十年前广西贵县（现为贵港市）罗泊湾汉墓、合浦汉墓已引起学者的广泛注意，也有人专门研究了南越国时期的铜镜，其中包括了广西汉墓出土的铜镜。本书列出的汉代铜镜几乎都是出土镜，而且大部分出自考古发掘的墓葬，涉及的地区有贵港、贺州、合浦、柳州、兴安、梧州、钟山、昭平等，其数量占本书总数的三分之一以上。两汉甚至延至于六朝的铜镜种类，在广西或多或少都有出土。应该说这是一个非常重要的信息，不仅为研究广西出土汉镜，而且为研究中国铜镜发展史提供了许多值得思考的问题。

第三、一些少见的铜镜也为本书的亮点之一。本书所列铜镜的来源带有明显的时代特点。汉代多为出土镜，且主要源于墓葬。隋唐宋镜虽多为出土镜，但极少墓葬资料。元以后的镜子则多为征集、拣选和移交。尽管来源不同，每个时期都有一些重要的或少见的镜子。这些铜镜在纹饰、铭文或制作工艺方面显示出独特的艺术价值。贵港深钉岭一号东汉墓出土的带银盖铜镜、梧州低山东汉二号墓出土的"中国大宁"铭文鎏金博局镜、梧州出土的鎏金神兽纹镜、兴安出土的"旧住湖州陆家"铭镜、藤县出土的"平江府章家"铭镜、元代的"胡东有"铭镜以及"民国七年"八卦镜等尤为突出。

第四、此书编著者注意铜镜文化的研究，提出了某些新的看法。本书虽然是一部综合性的铜镜图录，但不难发现编著者除了从各个时代的总体特征到各类铜镜的微观描述，还对铜镜纹饰进行了一些探讨。例如，首次提出了应将铜镜纹饰中的"乳钉纹"改为"子孙纹"的观点，列出了"子孙镜类"以及"四子镜""五子镜"等称谓。我认为每一门学科都是在探索中、争论中不断前进和提高的。本书编著者的这一看法是否能为学者与读者所接受，还需要一段时间加以证明。不过，我想指出的是，关于铜镜上某一纹饰的寓意与铜镜类别划分，既有联系，也有区别，还需要进一步研究探讨。

最后，我相信《广西铜镜》一书的问世一定会促进各地区收藏铜镜的研究和出版工作向前发展。

孔祥星

2004 年 3 月 1 日

目　录

彩色图版目录

黑白图版目录

四　三国铜镜

（一）神兽纹镜

五　西晋铜镜

（一）神兽纹镜

六　南朝铜镜

（一）神兽纹镜

七　隋代铜镜

（一）四神生肖纹镜

一一　元代铜镜

（五）仿镜

（六）日本镜

一四 民国铜镜

（一）八卦纹镜

广西铜镜概说

壹　战国铜镜

　　广西现存的近千面铜镜中，年代最早的为战国时期。所见的战国镜只有山字纹镜和菱纹镜两种。这两种镜的共同特点是镜身较薄，镜面平直，镜钮细小，边缘素卷。镜的装饰承袭先秦青铜器的艺术风格，图案花纹严谨而周密整齐，纹饰布局由地纹和主纹两层花纹组成。花纹精细，秀丽工整。

　　山字纹镜　也有人称"丁"字纹镜或"T"字纹镜。这种镜的镜体为圆形，弦纹钮，方钮座。地纹为羽状纹，主纹由四个"山"字组成。纹饰布局有两种：一种从钮座的四角伸出连贯式的花瓣，每角为一组，每组两瓣，互相垂直，将镜面均匀地分为四区，各区置一"山"字，以钮为中心，上下左右两相对称［黑白图1］。另一种于凹面方格各边的中部向外伸出一叶，在两叶之间各饰一左旋的山字纹，山字底边与凹面方格的四角相对，形成山字底边与小方格交错配置，布局显得规整而有变化［黑白图2］。这种镜是山字纹镜中时代最早的一种，其出现时间大约于春秋晚期，属楚镜系统，在湖南长沙、衡阳两地出土较多，常德、湘乡和河北易县、河南洛阳、内蒙古包头等地也有少量出土。

　　菱纹镜　又称"方连纹镜"。其形制为圆形、弦钮、圆座、卷缘。纹饰为在羽纹地上由凹面宽条带组成的大正方形各边中部连接一折叠对称的菱形纹，构成清雅而优美的图案［黑白图3］。这种菱纹镜，主要流行于战国中、晚期，湖南、湖北及安徽境内出土最多，四川、陕西等地也偶有发现。

　　从考古材料看，上述的山字纹、菱纹两种铜镜，多集中出土于今湖南、湖北、安徽三省的原楚国境地范围内，其中湖南长沙是它们分布的中心地区。与湖南相邻的广西，按常理也应有较多的发现。但新中国成立以来，广西考古工作者在平乐、岑溪、武鸣、贺州等市县发掘了两百余座战国墓,却均无铜镜出土,今馆藏的战国镜都是社会上的流散物或捐赠品。这种情况表明,战国时期用于正衣鉴容的铜镜还未传入广西,居住在本地的越族先民尚未使用铜镜,或许铜镜传入的数量有限,人们因珍惜而未随葬入墓或无随葬铜镜这种习俗所致。

贰　两汉铜镜

公元前 214 年,秦始皇完成了统一岭南的大业,在岭南开始设郡置县,南迁的中原汉人与越人杂处。随后,汉人大量涌入岭南,不仅带来了先进的生产工具和生产技术,还带来了铜镜等大批生活用品。有力的证据便是广西至今所发掘的汉墓中有较多的铜镜随葬。据不完全统计,出土的汉镜数量达二百多面,出土地点涉及全州、兴安、桂林、临桂、平乐、昭平、钟山、贺州、梧州、藤县、蒙山、柳州、柳江、融安、贵港、合浦十六个市县。其中主要集中在漓江、桂江、浔江、南流江水路交通便利的兴安、梧州、贵港、合浦等汉文化发达的地区。

广西两汉时期的铜镜,大致可分为山字纹镜、蟠螭纹镜、花瓣纹镜、草叶纹镜、连弧纹镜、连弧铭带纹镜、圈带纹镜、四子纹镜、五子纹镜、六子纹镜、七子纹镜、八子纹镜、博局纹镜、变形四叶纹镜、神兽纹镜、夔凤纹镜、龙虎纹镜、禽兽纹镜十八种。其中山字纹镜和蟠螭纹镜是广西出土的铜镜中时代最早的类型。

山字纹镜　1976 年贵县(今贵港市)罗泊湾一号汉墓出土了一面山字纹镜〔黑白图 4〕。此镜的形制、纹饰与上述战国时期的四山字纹镜相同,与 1954 年长沙仰天湖 25 号墓出土的羽状地四山纹镜也基本一致[1]。这种战国时期具有代表性的楚式镜,直到西汉初期才传入广西,成为岭南越族地区出土的时代最早的铜镜。

蟠螭纹镜　"蟠"是缠绕叠压之意,"螭"是无角的小龙。蟠螭纹是指蟠屈纠结、穿插缠绕的纹饰,题材多为盘曲的龙、蛇和怪兽,一般以活泼自由的 C 形、S 形或菱形线条构成。这种纹饰的镜,也称为龙纹镜,是战国时期较流行的一种镜。广西出土的蟠螭纹镜,镜身较薄,多为三弦钮,钮座圆形或方形,无铭文。其纹饰各有不同。有的用细云纹作地纹,蟠螭纹身躯作菱形折叠〔黑白图 5〕;有的在各个蟠螭之间有变形三叶纹相间〔黑白图 6〕。这两种镜的纹样都还属于战国时期的蟠螭纹镜。西汉初的蟠螭纹镜,变成由两个双线方框构图,方框四角也有叶纹相间,所饰的蟠螭纹为变形卷螭纹〔黑白图 7〕。

到了东汉时期，蟠螭纹镜则变成小圆钮，伏螭钮座，无地纹，用叶瓣纹将蟠螭间隔开来，称为"间隔式"，钮座外的圆形圈带里有的还出现有铭文［黑白图23］。

花瓣纹镜 汉代的花瓣纹镜有多种，广西只见一种。其纹饰较简单，只在座的外沿四边向外伸出线条式四瓣石榴形纹。花瓣上小下大略呈长桃形，下部折腹，上部尖顶，花瓣两边各有一边线，两边线的上部向外翻卷成喇叭状，是图案化了的折线石榴纹。石榴纹的腹内各有四点籽纹。花瓣之间各有一字铭，合为"长宜子孙"四字［黑白图85］。石榴房中多籽，民间流传有"榴开百子"的吉语。饰石榴纹于铜镜，有祝吉求子的寓意。石榴这种果树，我国南北都有种植，但见诸汉镜纹饰的却不多。这种石榴纹镜目前较少见。

草叶纹镜 圆形、小圆钮、四叶钮座，内向连弧纹缘，主纹似草叶。纹饰以方格分内外区。外区花纹由连迭式草叶和花瓣组成，四方有对称的带圆座的四个子纹，其间饰树叶纹，配列整齐，线条刚劲，花纹规则；内区方格四角饰树叶纹，格内有铭文一周，字体比较方整，铭文为三字句，古朴简练，脍炙人口［黑白图8］。这种镜采用单线勾勒轮廓的"线条式"手法，图纹以凸起的等高线来表现。其巧妙的构思和突出的雕刻技法，体现了古代雕刻技艺的发展水平。

连弧纹镜 这类镜的形制为圆形、圆钮、圆钮座或四叶纹钮座，多为素宽平缘，少量弦纹缘。四叶纹钮座的镜，四叶之间往往有"长宜子孙"或"长生宜子"四字铭，圆钮座者则无铭文。纹饰特点是钮座外一周凸面宽圈纹，再外为六连弧纹或八连弧纹占据主要位置。大体可分三种：一种是连弧纹带在外围接近缘处［黑白图24、25］；一种于连弧纹外还有一圈锯齿纹［黑白图26］；另一种是连弧间填以花叶纹和变形山字纹，在连弧纹的外围饰以变形云雷纹和短斜线纹各一周。云雷纹的做法是以八个圆圈云纹等距离分为八区，每区一个由单线平行转折而成的弧线长方形雷纹，亦可称为连弧云雷纹镜［黑白图27］。

连弧铭带纹镜 均为圆形、圆钮，圆钮座、四叶纹钮座和连珠纹钮座都有，素宽平缘。主要特征是钮座外有凸面宽圈一周，圈外多饰内向连弧纹，连弧的数量不等，有八个或十二个，连弧外一圈铭文带作为主要装饰。铭文内容为"铜华"铭［黑白图9］、"昭明"铭［黑白图10、11、74、75］。

圈带纹镜 这类镜为圆形、圆钮，钮座有四叶座、连珠纹座和圆座三种，多素缘，有的边缘宽，有的边缘窄。装饰布局为座外以一周或两周凸宽圈纹分区。布局形式多样：有的为重圈纹贴金［黑白图12］；有的为重圈铭带纹，即有两圈铭文，内区的"日光"铭与外区的"清白"铭相配，内外呼应，字体整齐秀美，是难得的书法作品［黑白图13］；有的内区饰以简单的短线纹，外区为"日光"铭带纹，每两字之间填以云纹［黑白图14］；有的凸圈外于两周短斜线纹之间铸以"日光"或"昭明"铭带，字间以云纹、斜方格"田"字纹或"而"字相隔［黑白图15、28］。

子孙纹镜 所谓"子孙纹镜"，是指以往人们所称的"乳钉纹镜"。在古代铜镜这个大家族中，饰以乳钉纹的相当多，其中尤以两汉时期最为盛行。其影响之大、地位之重要，不言而喻。

乳钉纹在铜镜上出现的时间较早，延续的时间也较长。从目前的考古资料看，我国装饰乳钉纹的铜镜最早出现在商代。1976年河南安阳殷墟妇好墓出土过两面。这两面铜镜为圆形、弓形钮，钮外以两周单线弦纹将镜背分为内外两区。其中内区主纹最宽，饰十字形宽带条幅及直线、斜线组成四片叶脉状的图形，形成了有规律排列的茎脉清晰的两叶纹。其外窄而近边缘的外区饰以五十一枚小乳钉环列[2]。这一时期可视为乳钉纹镜的创始期。其特点是装饰乳钉纹的铜镜种类少，乳钉的个体小、数量多，乳钉下部无基座装饰，乳钉装饰的部位在主纹区以外的缘部。

战国时期，装饰乳钉纹的铜镜逐渐多了起来。在纯地纹镜、菱纹镜、饕餮纹镜、透雕纹镜和错金银镶玉石镜上，都有乳钉纹装饰。乳钉纹装饰的部位不甚稳定，有的在铜镜的边缘[3]，有的装饰在主纹区[4]，有的装饰在主纹区和分区界线的窄带上[5]，有的主纹区和外缘都同时饰以乳钉纹[6]。在同一镜中装饰乳钉的数量没有商代的多，一般为四枚、八枚、九枚、十二枚不等，最多的有三十六枚[7]。根据乳钉的形状，其称谓有多种，如"涡状乳钉"[8]"乳状铆钉"[9]"银质乳钉状铆钉"[10]"银质乳钉"及"圆柱状乳钉"等。乳钉的个体除个别为小乳钉[11]外，大部分为个体较大的乳钉，且在一镜中乳钉的大小基本相同。乳钉的下部开始出现带叶纹座和连弧座的装饰[12]。这种带座纹装饰的乳钉，对以后的铜镜影响很大。两汉时期带四叶纹座、连弧纹座和圆形座的乳钉，就是由此发展而来。这一时期，可称为乳钉纹铜镜的发展期。

到了两汉时期，装饰乳钉纹的铜镜相当多，涉及铜镜的种类也很广。在蟠螭镜、蟠虺镜、花瓣镜、草叶镜、星云镜、四乳铭文镜、连弧铭带镜、四乳禽兽镜、博局镜、多乳禽兽镜、神兽镜、画像镜、禽兽镜等十多种铜镜上都装饰有乳钉纹，数量之多，数不胜数。乳钉装饰的部位，基本都在主纹区或镜钮的周围。乳钉的形状基本都是圆而突起的乳头状或圆柱状。乳钉的个体有大小之别，一般来说，装饰在主纹区的个体较大，装饰在镜钮周围的个体较小。乳钉的下部大多都有基座装饰，基座的种类有叶纹座、连弧座或圆座，以圆座为多。每面镜上装饰的乳钉数量不等，有四枚、五枚、六枚、七枚、八枚、九枚、十二枚、三十二枚、四十八枚和五十五枚，甚至有上百枚的。其中上海博物馆收藏的一面星云镜，镜上装饰的大大小小的乳钉多达一百枚，因而被称为"百乳镜"[13]。乳钉数量之多，可谓空前绝后。这一时期，可称为乳钉纹铜镜的成熟期或鼎盛期。

面对如此众多的乳钉纹镜，人们往往提出这样的疑问：古代人们为何如此喜欢乳钉？乳钉装饰到铜镜上寓意什么？它反映一种什么样的思想意识？在此，对这些问题作一探讨。

我国古代称"乳钉"为"子"。早在南朝时期人们就已把饰有"七乳"的镜子称为"七子镜"了。这可从梁简文帝《望月》诗"流辉入画堂，初照上梅梁。形同七子镜，影类九秋霜"[14]的句子中得到证实。

有些西方学者却认为这些"乳钉"是"撑天柱"。他们在解释装饰有乳钉纹的汉代博局纹镜时说：镜钮代表中国，即象征茫茫宇宙的中心；钮座外的方格表示大地，圆形的镜子表示天，即天圆地方；方格四角外四乳钉或四边外八乳钉则表示支撑天盖的柱子；T纹象征四方之间；四隅的V象征四海；L则象征防止恶魔进入大地的门。把整个图像和铭文联系起来，表示自己置身于宇宙中央，与宇宙一起运行，周而复始，长生不死，子孙蕃昌[15]。

笔者以为，西方学者将乳钉解释为支撑天盖的柱子，是不了解中国的传统习俗和思想意识的想当然而已，缺乏令人信服的证据。古人将"乳钉"比作"子"，符合我国"求子继嗣"的传统观念。"子"，应泛指"子孙"，也就是寓有"子孙"之意。这种说法还可从以下几方面加以证实：

首先，从镜背的纹饰分析，含有丰富的与男女婚配、子孙繁衍相关的文化内涵，与代表"子孙"的"乳钉"相呼应。汉代饰以乳钉纹的铜镜，有相当一部分也同时装饰有龙、虎、鸟、蛇、青蛙（蟾蜍）、鹿等图像，有些则饰以牛、莲、铜钱等纹饰。这些纹饰大多具有双重寓意，除了具有辟邪图吉保平安的意义，还有生育求子的隐喻[16]。这些装饰起到烘托多生贵子、子孙满堂这个主题的作用，是多子多福生育观念的反映。

其次，铜镜上所铸的铭文内容多与男女婚配、夫妻恩爱、生子继后、子孙充实、保子平安相关。例如，"见日之光，美人在旁"；"心思美人，毋忘大王"；"结心相思，毋见忘"；"二姓合好，女贞男圣，子孙充实，姐妹百人，夫妇相随"；"夫妻相善日益亲善"；"长保二亲及妻子"。其中与"子孙"相关的内容就更为普遍。如"保子孙""利子孙""传子孙""长子孙""宜子孙""子孙力""保孙子多""长生宜子""长宜生子""子孙充实""子孙满堂""宜子孙大吉""周复始兮传子孙""六子大吉""七子八孙居中央""八子九孙治中央""八子十二孙治中央""子孙备具居中央"等，不胜枚举。这些吉祥祈语表明，不少铭文的内容与"乳钉"代表的"子孙"相一致。这种图文内容一致的子孙纹铜镜，直到明代还有发现。如2001年灵川县大圩镇熊村出土的明仿汉四子神人画像纹铜镜［黑白图212］，外区铭文有"保孙子多"一句。审视该镜纹饰，其钮座旁围以一圈计三十二颗小圆珠纹，内区主纹中的四枚乳钉又各围一圈约三十颗小圆珠纹。这些小圆珠纹数目多以百计，显然是寓意家族兴旺、子孙满堂，其子孙就像小圆珠纹一样多，与"保孙子多"铭文相一致。

再次，更为直接指明"乳钉"就是"子孙"的铭文也多有发现。

第一面是湖南长沙出土的东汉中期的鲁氏六乳仙人兽纹铜镜。该镜圆形、圆钮,钮外重圈纹带。内区六乳相间浮雕式仙人、青龙、白虎、独角兽、玄武等。外区铭文为"鲁氏作竟大毋伤,浮云连结(卫)四方,六子大吉"。忍冬花纹缘[17]。值得注意的是,内区所饰的乳钉纹正好是六枚,与外区铭文说的"六子大吉"中的"六子"相符。这说明东汉时期饰于铜镜上的乳钉纹,确实是代表"子"(或"子孙")之意。

第二面是东汉时期的禽兽简化博局纹铜镜。镜为圆形、圆钮、圆钮座。座外弦纹圈内九乳间饰以山形及云气纹。大方框内有铭文曰:"朱爵玄武顺阴阳,八子九孙治中央,照面目身万全,象衣服好可观,君宜官秩葆子。"四方八极内分别配置龙纹、鸟纹、羽人搏兽纹及独角兽纹。T及L形纹间分别配置双鸟纹、鸟纹、蟾蜍及双兽纹。外区为八组菱形纹。边缘以三枚"大泉五十"钱纹相隔分成三组不同纹饰,一组为仙鹤、豹、鹿、鸟纹,一组是羽人搏兽、怪兽、兽纹,一组是兽与怪神,各组中均有缠绕的龙纹[18]。这面镜的铭文中有"八子九孙治中央"句,与镜上所饰的八枚乳钉和九枚小乳钉正好相符,而且乳钉所处的位置也正好在镜的中央。

第三面是1982年广西贵港市铁路新村10号墓出土的汉有八子博局纹铜镜。其钮座旁有带圆座的九枚乳钉,方框外的主纹区有带圆座的八枚乳钉,外区铭文中亦有"八子九孙治中央"句[黑白图66]。值得注意的是这面镜的铭文与前镜一样,都有"八子九孙治中央"一句,与镜上所饰的八枚大乳钉和九枚小乳钉正好相符,乳钉纹所处的位置也在镜的中央。这两面镜的情况就明确告诉我们:内区主纹饰的八枚较粗的乳钉称为"子",钮座外的弦纹圈内饰的九枚较小的乳钉称为"孙",因而称"八子九孙"。

第四面是河南洛阳东汉早期墓出土的福憙四神博局纹铜镜。该镜为圆形、圆钮、四叶纹钮座。四叶间有"长宜子孙"铭。座外方框内环列十二乳及鱼形纹。八乳与博局纹区分的四方八极内,羽人戏青龙,白虎配蟾蜍,朱雀配小鸟,玄武配蟾蜍。青龙、白虎、朱雀、玄武各占一方。边缘为一圈铭文:"福憙进兮日以萌,食玉英兮饮澧泉,贺文龙兮乘浮云,白虎□兮上泰山,凤凰舞兮见神仙,保长命兮寿万年,周复始兮八子十二孙。"[19]此镜边缘上铭文中的"八子十二孙",与外区的八枚乳钉及内区饰的十二枚乳钉的数量也一致,再次证明当时人们确实是把外区饰的较大的乳钉称为"子",将内区饰的相对较小的乳钉称为"孙"。

第五面是湖南出土的东汉中期的"侯氏镜"。镜为圆形、圆钮、圆钮座。钮外九枚乳钉之间有九字铭文,铭文为"乐未央,富贵昌,宜侯王"。其外置两周凸弦纹带。主纹为七枚带四叶座乳钉纹,其间饰兽纹。铭文带中为侯氏铭:"侯氏作竟大毋伤,巧工刻之成文章,左龙右虎辟不阳(祥),□子九孙居中央,夫妻相保如威央。"边缘由二枚"五金"钱纹、二莲花分成四组,分别配置玉兔、九尾狐、三足鸟、龙和熊等。直径20.3厘米[20]。镜铭"□子九孙居中央"的"九孙"与钮外饰的九个乳钉相符,而"子"之前一字模糊不清。依照前四镜的规律，可据内区所饰的大乳钉数目（七枚）补上，应是"七"字。那么，完整的句子应是"七子九孙居中央"。此镜可称为"七子九孙镜"，简称"七子镜"。

关于铜镜中"乳钉"与"铭文"的关系问题，早在 20 世纪 50 年代湖南省博物馆周世荣先生就注意到了。他在《湖南出土铜镜图录》一书的概述中谈到汉有善铜镜时说："1956 年长沙砚瓦池 2 号墓曾出土过一面直径达 22.2 厘米，半球形钮，圆形钮座，钮座内饰乳钉九枚，钮座外方框内饰乳钉八枚，含义是代表'八子九孙居中央'……1956 年零陵四中工地 1 号墓出土的汉有善铜镜的铭文比较完整，铭文为'汉有善铜出丹阳，左龙右虎僻不祥，昭爵玄武利阴阳，八子十二孙治中央，法象天地，如日月之光，千秋万岁，长乐未央兮'"[21]。他是最早指出"乳钉"代表"子孙"含义的人。可惜文中没有作进一步的论述和确指。

在此，令笔者想起以前对铜镜上装饰的"TLV"这种神秘莫测的符号和怪诞神奇的纹饰以及吉祥祝祷的铭文，曾使许多学者绞尽脑汁。小小的 TLV 三个符号，却引来了洋洋万言的研究文章，众说纷纭，莫衷一是。在万分无奈的情况下，人们只能跟着日本学者梅原末治先生，将这些符号的形状与木工工具"规矩"比较，觉得两者类似，故一直称其为"规矩镜"。直到 20 世纪 70 年代末，湖南省博物馆熊传新在《文物》上发表文章提出：规矩纹铜镜也可以称为"博局纹铜镜"[22]。可惜文中对此未展开论证，没有引起学术界的关注。1985 年，该馆傅举友在《论秦汉时期的博具、博戏兼及博局纹镜》一文里，专门有一节论述了博局镜与博局的关系，更为直接地将"规矩镜"称为"博局镜"[23]，但同样没有引起学术界的重视。究其原因，主要是"六博棋局"是方形，而"规矩镜"是圆形，两者纹饰相同而器形不同，称为"博局"尚缺乏更有力的证据。直到 1987 年 12 月，周铮先生在整理中国历史博物馆旧藏铜镜拓本时，发现一面新莽时期的"四神规矩镜"拓片，铭文中有"刻具博局去不羊"等句，取得了更为有力的证据并得以确认，才将叫了半个世纪的"规矩纹镜"改称为"博局纹镜"[24]。那么，前述的"乳钉纹"与这里所说的"规矩纹"相似，其正确的名称都能在铭文中找到依据。其中的"六子大吉"、"八子九孙"、"八子十二孙"、"七子九孙"铭文，都是东汉时期铸在镜背上的，说明东汉时期就叫"六子镜"、"八子九孙镜"（简称"八子镜"）、"八子十二孙镜"（简称"八子镜"）、"七子九孙镜"（简称"七子镜"）。直到南朝（梁）时期，人们仍把饰以"七乳"的镜称为"七子镜"。按"历史文物本身有名者一般不另定名称"的原则，我们完全有理由依据这些镜铭和史料恢复原来的名称，将汉镜上的"乳钉纹"改称为"子孙纹"，此类镜可统称为"子孙纹镜"。至于几子几孙则由镜背上所饰的大小乳钉的枚数而定。前文提到装饰乳钉纹特别多的"百乳镜"，可改称为"百子镜"。这显然是象征其子孙就像天上的星星一样多，无怪乎古有"百子千孙"的祝语流传。这面百子镜如果按乳钉的个体大小来细分，除了主纹区内四个大的子纹周围分别环绕八个孙纹，镜钮的装饰也是中间一个大的子纹，子纹周围亦环绕有八个孙纹。这种钮以往人们一般习惯称为"连峰钮"，其实应称为"子孙纹钮"。从整个图形看，它们的结构就像一个个小家庭组合，辈分高者处在中心地位，个体也较大，显示了以父辈为中心地位的传统习俗。这样组合的子孙纹镜，可具体称为"四子九十六孙纹镜"，简称"百子镜"。这种按辈分家庭式的组合形式，一直到唐代的兽纹镜还有类似的组合，只是将乳钉换成瑞兽而已。如广西贵港市出土的六瑞兽葡萄纹铜镜〔黑白图111〕，中间的钮作成一只大兽，大兽之外有六只小兽环绕，就是仿效子孙辈分这种组合形式。另外，有的镜上虽然没有饰以百枚乳钉，但也有隐喻子孙多之意。比如最近笔者在整理广西的铜镜时，发现早年梧州市制药厂后山出土的一面东汉前期的七子神兽纹铜镜，虽然镜背上只饰有七个带圆座的乳钉纹，但其铭文带上却铸有"张氏作竟大毋伤，长保二亲乐未央，八子百孙启高堂，多□宜侯王"。其中的"八子百孙"，就是这面镜子饰"乳钉"的寓意。可见，铜镜上饰以乳钉纹应是"长宜生子""子孙满堂""人丁兴旺""多子多福"这种意识的反映。

从上文可知，我们现在称的乳钉纹，汉代的人们实际称为子孙纹，亦即将带有座的个体较大的乳钉纹称为子纹，把带有座的个体较小的乳钉纹称为孙纹，后来发展到有些不带座的圆形连珠纹也寓意为孙纹〔黑白图212〕。子纹都是装饰在铜镜的主纹区内〔黑白图35、49〕，孙纹主要装饰在镜钮周围〔黑白图55、56〕，但亦有少量孙纹与子纹相间同时装饰在主纹区的〔黑白图16〕。子孙纹在一面镜子中，不管与多少种纹饰相配置，它的位置和视觉都是最突出的。这类铜镜数量大，种类多，制作精美，是汉镜中重要的一部分。

广西出土的子孙纹镜，按子纹数量的多少，大致可分为四子纹镜、五子纹镜、六子纹镜、七子纹镜、八子纹镜五种。这些镜的特点基本都是圆形、圆钮，少量圆拱钮或子孙纹钮，圆钮座或四叶纹钮座，素宽平缘或花纹缘。主纹都是带座（有圆座、四叶座、连弧座）的四子、五子、六子、七子、八子纹，将纹饰分为四、五、六、七、八区，区间的纹饰配置大体分四种：

第一种，子纹的区间配以奇禽异兽。禽兽的个数有单个和双个之别。每区饰以单个禽兽的如四子纹的有四虺纹〔黑白图29〕、四禽纹〔黑白图31〕、羽人禽兽纹〔黑白图32〕、四兽纹〔黑白图34〕；五子纹的有五禽兽纹〔黑白图41〕、五龙纹〔黑白图42〕、五禽鸟纹〔黑白图43〕；六子纹的有羽人和五禽兽纹〔黑白图44〕、六神兽纹〔黑白图45〕、六连弧纹〔黑白图46〕、六蟹纹〔黑白图48〕；七子纹的有瑞兽纹〔黑白图51〕、禽兽纹〔黑白图54、57〕、七鸟纹〔黑白图56〕；八子纹的有八鸟纹〔黑白图58〕等。每区饰以双兽、两两组合的如四子纹的有四神兽纹〔黑白图36〕、六子纹的有六对雏鸟纹〔黑白图50〕。

第二种，子纹的区间配以孙纹。如四子纹之间的四个区，每区配置个体较小的五个孙纹，孙纹之间用三弦曲线条相连［黑白图 16］。

第三种，子纹的区间配以铭文。如四子纹与"形兴常乐"四字相间环列［黑白图 33］，四子纹与"家常贵富"四字相间［黑白图 37］；有一些孙纹之间配有铭文［黑白图 53］；有的外区则配以铭文带，铭文内容有"尚方"铭［黑白图 30］、"纪年"铭［黑白图 51］、"李氏"铭［黑白图 47］、"张氏"铭［黑白图 52］、"吕氏"铭［黑白图 55］。其中有些铭文相当有价值。例如，1978 年贵港市二七三地质队 M1 出土的李氏六子禽兽纹铜镜，镜背的铭文为"李氏作竟四夷服，多贺国家人民息，胡虏殄灭天下服，风雨时节五谷熟，长保二亲得天力"［黑白图 47］，显然是受西汉末年谶纬之说的影响。据文献记载，王莽取得政权后，为征服"四夷"而连年争战。当时的人们因不满混乱的社会而沉迷于唯心的精神世界中，祈盼着五谷丰登的美好日子。这类铭文反映了当时社会政治经济的情况。又如 1958 年梧州市旺步东汉 2 号墓出土的元和三年七子瑞兽纹铜镜［黑白图 51］，外区铭文记载的内容为"元和三年，天下太平，风雨时节，百……尚方造竟，在于民间"。"尚方"为官署名，秦代开始设置，属少府的分支，负责制作专供皇室使用而禁止民间私造的物品，汉代沿袭。然而，这面镜的铭文却告诉我们：到了东汉元和三年（公元 86 年），这个"禁令"已被打破，除宫廷尚方官署主造皇室所用的"尚方"铜镜外，民间私铸的铜镜也打着"尚方"这个名号，以便迎合消费者，招揽生意。事实上，官方铸造的尚方镜与民间铸造的尚方镜，在尺寸、纹饰和质量上是有所区别的。

第四种，子孙纹与博局纹相配置。子孙纹一般放置在博局纹中的"T"纹两侧，有四子博局纹［黑白图 17］、八子博局纹［黑白图 60］、八子九孙博局纹［黑白图 19］、八子十二孙博局纹［黑白图 67］等。有的子纹所配的博局纹简化了，亦即"TLV"三个符号不是同时出现［黑白图 38、39、63］；有的简化成仅剩下"T"纹中的一横［黑白图 40］。这类子孙博局纹镜与铭文相配的也较多。孙纹间配置铭文的有"长宜子孙"铭［黑白图 64］和十二地支铭［黑白图 68］；外区配以铭文的有"尚方"铭［黑白图 59、61］、"王氏"铭［黑白图 62］、"新有"铭［黑白图 18、65］、"汉有"铭［黑白图 66］等，字数多，内容丰富。

这类镜了的图纹题材广泛，内容丰富，构图灵活，形式多样，制作精致。有些镜子的纹饰华丽而特别。例如，1978 年贵港市二七三地质队 M1 出土的李氏六子禽兽纹铜镜［黑白图 47］，其主纹出现了同类镜中少见的兕纹和羽人纹，纹饰相当华丽，也是比较特别的镜子之一。尤其是纹饰中出现的羽人与其他镜的羽人形象不同，这镜饰的羽人为单腿跪地、弯腰从炉中取丸的形象。镜边缘所饰的鸟、兽、鱼等禽兽纹都配上一条蟠螭纹形的尾巴等。这样的纹饰在汉镜中都是极为少见的。这些情况表明，子孙纹镜的纹饰是比较精致华丽和富有特色的。无怪乎古人对这类镜特别偏爱。比如南朝梁简文帝对纹饰复杂而细密、制作精致而华丽的七子镜就情有独钟。他所写的诗文中就将七子镜比喻为明月，其珍爱之情可见一斑。这种镜不仅国人喜欢，海外人也喜爱。据《日本书记》记载，七子镜曾在朝鲜半岛南部的新罗、百济以及日本等国作为珍贵的礼品进献。七子镜精美的七区图纹，有人笼统称为"四灵三瑞"，即除了青龙、白虎、朱雀、玄武四灵，还有三种祥瑞之物。也有人将其中的某些七区纹样释为朱鸟、鼓瑟吹竽、夔龙、龟游莲叶、天禄、白虎白鹿、蛤蟆等汉代盛行的祥瑞之物。更有人干脆根据它们的形象取名为凤鸟、羊、山羊、犀牛、独角怪兽、鹿、蟾蜍、青龙、白虎、狐狸、雏鸡、猿猴等，真是龙腾虎跃、凤舞龟行、奇禽飞翔、异兽奔驰、生态盎然。这些都是人们熟悉的禽兽形象，比起战国镜的饕餮、蟠螭更富现实感，形象更为生动真切。

博局纹镜 除了上述以子孙纹为主与博局图形相配置的镜子，还有一种没有子孙纹、以博局纹为主的博局纹镜。上文已论及，博局纹就是以"TLV"三个符号组成的图纹。这类镜为圆形，钮座外有一方格。方格外四角与双线V形图像相对，将镜子内区分为四方八等分。有的只在四方中配以四神［黑白图69］或配以四凤鸟［黑白图21］；有的在八等分中有青龙、白虎、朱雀、玄武的图纹各踞一方一等分，其余四等分则配以其他禽兽，称为"博局四神纹镜"，有极少数还鎏金［黑白图71］；有的只饰以奇禽、怪兽，一般称博局禽鸟纹镜［黑白图70］；有的博局纹简化了，称为简化博局纹镜［黑白图72］；有的博局纹简化到只剩下钮座外的一个方格［黑白图73］。这类镜的缘部有饰双线波纹、锯齿纹、连珠纹的，也有素缘的。其中1978年钟山县英家墓群出土的博局四神纹镜［黑白图69］，其素缘特别宽大，与镜背华美的纹饰相比显得极不协调。汉代最为流行的这种博局四神纹镜及其他博局纹镜中，这种素宽缘是较少见的一种形式。

变形四叶纹镜 这类镜有两种纹饰：一种为蝙蝠形四叶纹，一种为十字形四叶纹。蝙蝠形四叶纹的构图比较特别，主要是在钮座外有四片相连的蝙蝠形的叶瓣向外呈放射状，把镜背分成四区。有的四叶内及四叶间均饰以兽首纹［黑白图76］。这种兽首纹虽然没有战国镜上饰的有首无身的兽面饕餮纹那样粗犷和吓人，但兽首的口、鼻、毛发刻画清晰，粗眉圆眼，张开大嘴，毛发卷曲，似人非人、似兽非兽的形象，仍给人一种神秘、阴森、恐怖的感觉。有的四叶内有"长宜高官"等铭文，四叶间的四区内各饰一对反向叠折式展开的图案化凤鸟纹，凤头高冠，回首相向。这种纹饰采用平剔手法表现，就像剪纸图案一般，给人清新华美的感觉［黑白图77］。十字形四叶纹的构图特点是以钮为中心，向外伸出十字的变形叶纹，叶形有卍字形的四叶［黑白图78］，有两瓣一苞式的四叶［黑白图79］，有放射式简形的四叶［黑白图80］，也有简化式的四叶［黑白图81］。这些十字形的四叶之间，均饰以各种不同形态的龙纹或凤纹。

神兽纹镜 这类镜的特点是比较轻薄，镜的正面稍凸，剖面成弧形，花纹已由整齐、清晰、简明变为繁缛细密。广西出土的这类镜以高浮雕的手法表现神人和禽兽等主题纹饰，纹样图案化，隆起突出，立体感强。神的形体姿态简洁大度，风格古朴。神兽采用对置的方法配列，主神有东王公、西王母等，外区有凸起的十二个半圆和十二个方枚相间环列。有的每个方枚中有一字铭，缘部还有一圈铭文［黑白图82］；有的每个方枚中有四字铭，缘部有精致生动的神话故事纹［黑白图83］。

夔凤纹镜 这类镜较厚重，边沿宽，质料好，形制为圆形、圆钮、圆钮座，素宽平缘。镜上的图纹排列出现了新的布局形式，呈左右对称的"轴对称式"配列。钮的上下各有字数相等的铭文，铭文作直行排列，上下组合成一词句"位置三公"等。铭文的排列也与以前作环绕成圈带或方格折绕式的不同。铭文两侧各有一条作S形卷曲的双头夔龙纹［黑白图84］。

龙虎纹镜 东汉晚期以后流行的龙虎纹镜，龙虎多为高浮雕，浑圆舒转，高低起伏，生龙活虎，风云激荡。大体有四种表现形式：第一种是盘龙。一条张口屈身盘曲的龙，部分身躯叠压在钮下，给人以出没云雾的感觉，习称盘龙纹镜［黑白图86、87］。第二种是龙虎对峙。有一对龙虎对峙和二对龙虎对峙。一对龙虎对峙的饰一龙一虎，左右夹钮对峙，张口咆哮，龙虎的尾部多有其他饰物。有的龙虎尾部有小鸟［黑白图89、90、92、95］，有的龙虎尾部有凤、鸟、马三种饰物［黑白图88］，有的有一浮雕式走兽［黑白图91］，有的饰一龙一龟［黑白图93］。二对龙虎对峙的是在钮的上下各饰一龙一虎对峙，龙虎头间有"吕氏作"和"千万"铭文［黑白图96］。第三种是二龙夺珠。二龙夹钮相对，龙的头间有一带圆圈的平字［黑白图94］。

禽兽纹镜 汉代铜镜上出现了许多形态的灵异瑞兽，有写实的，也有抽象的。这类镜的主纹有饰线条式三禽鸟绕钮环列［黑白图97］；有饰以三羊绕钮间以三组子孙纹，寓意三羊开泰、子孙吉祥，外区有"三羊"铭文带一周［黑白图98］。以前的研究成果认为，镜铭辞中的"三羊""黄羊""青羊"应是作镜工匠家族名号。"青羊"为汉末吴和西晋吴郡吴县（今江苏苏州）的镜工[25]。到了吴的中后期，特别是到了西晋，在吴县制作盘龙镜的许多工匠中，青羊已占重要地位。还有一些禽兽镜饰以龙、凤、象、猴、鸟等［黑白图22］，其中刻画的卷鼻垂尾、四足直立的大象较为少见。除了江苏扬州出土的瑞兽画像纹镜中饰有一只垂卷长鼻站立的大象，其余汉镜中较少见到这种动物形象。

叁 三国两晋南北朝铜镜

三国两晋南北朝时期，北方战乱，铸镜业曾一度衰落。南方地区的政治相对较为稳

11

定，铜镜生产有所发展。其中会稽山阴（今浙江绍兴）的铜镜产量大，工艺精，代表了东汉以来铜镜的发展水平。从总的情况看，这时期的铜镜有些还沿袭汉镜的风格，因而不少中外学者仍将这时期的铜镜称为"汉式镜"。

广西这时期的铜镜，主要有神兽纹镜、变形四叶纹镜、龙虎纹镜三种类型。这些镜的构图丰富多彩，刻画细致严谨，具有较高的艺术价值。铜镜的形制在东汉铜镜的基础上有所变化，一般为圆形、半球形大圆钮，钮顶上略显扁平，圆钮座。镜体偏小，边缘多斜形。纹饰以神兽和人物图案为主，题材多为社会生活、历史故事和神话传说的内容。纹饰线条严谨活泼，主次分明，动静结合，画面和谐感人。表现手法多采用浮雕式。此外，还流行禽兽纹、变形四叶纹、半圆、方枚、连弧纹等。其中，连弧纹的弧度较为平缓，连弧上装饰有凤鸟、瑞兽、星象等纹饰。边缘装饰仍沿用汉镜中常见的卷云纹、锯齿纹、双线波折纹、几何纹等。

神兽纹镜 这类镜为圆形、扁圆钮和高浮雕神兽纹。图纹排列分两种：一种与汉代神兽纹镜的"对置式"布局相同，主体纹饰神兽对称环列于钮座外。有的主题内容为四神四兽，外区有半圆与方枚，方枚中有一字或四字铭文［黑白图103、104、105］。除了方枚中的铭文，有的缘部还有一圈铭文［黑白图102］。另一种图纹的排列与汉镜不同，出现一种新的排列形式——"重列式"或称"阶段式"。重列式镜的神像一般自上而下一段一段分五个阶段逐层排列，就像凿于岩壁上的层层佛龛，展现出奇妙的神仙世界。每段一至二尊神像，神像之侧配以青龙、白虎、朱雀、玄武和禽兽等。神人的形象基本相同，头大，表情淡漠，着开领袖衣，两肩向上弯起似飘带的双翼，正面端坐。有的学者认为：第一段是南极老人，第二段是伯牙弹琴和他的知音钟子期，第三段是北极星的天皇大帝，其他的神像代表北极星周围的青、赤、黄、白、黑五帝座。这类镜的镜缘多有纪年铭文。如1966年贵港高中出土的重列式神兽纹镜，外区铭文由三十七个右旋的篆书反体字组成："黄龙元年，太岁在己酉，七月壬子朔，十二日甲子，师陈世□造作三湅明镜，其有服者，命久富贵"［黑白图99］。我国历史上用"黄龙"作年号的有二人：一是汉宣帝刘询，黄龙只有一年（公元前49年），干支是壬申；二是三国东吴大帝孙权，黄龙有三年，元年是（公元229年），干支是己酉，据乾象历，该年七月朔日为壬子，十二日为甲子。铜镜铭文所记干支与三国东吴孙权的"黄龙"纪年相合，证明此镜是三国时期的产品。有趣的是，1975年湖北鄂城也出土了一面"黄龙元年"款的重列式神兽纹镜，镜的大小、形制、纹饰及铭文与上镜完全相同。对这两面铜镜，学术界有人作了严谨细致的对比研究，认为是一对罕见的"同范镜"[26]，并认为制作这两面铜镜的名师陈世□是孙权于黄初二年（公元221年）四月自公安迁都武昌时，从东吴的老根据地吴郡、会稽郡某地征调到武昌后铸成这两面同范镜的。其中一面之所以从武昌来到广西，是由当时从武昌（鄂城）派往布山（今贵港）任职的官吏携带而来，成为两地物质交流的物证。

变形四叶纹镜　三国时期的变形四叶纹镜与汉代的变形四叶纹镜不同。汉代的变形四叶纹，有相连的蝙蝠状四叶，也有十字式的卍字形、箭形和简化的四叶，而三国时期的变形四叶则是宝珠状的四叶；汉代的四叶间装饰的是兽首纹、龙凤纹等，三国时期的四叶内装饰的是兽纹，四叶间的纹饰虽然也是凤纹，但汉代的凤是剪纸式的对凤，三国时期的凤是翅羽飞展的凤；东汉镜的连弧作边缘装饰，弧内无花纹，三国的连弧纹则作为外区装饰，弧内还填以瑞兽、凤鸟、狩猎等纹饰；东汉的镜缘是素宽平缘，三国的镜缘是素宽内斜面缘［黑白图100］。从这些对比可以看出，变形四叶纹镜在东汉铜镜的基础上有新的更为灵活的变化，十分精美，给人留下华美秀丽的深刻印象。

龙虎纹铜镜　这类镜由于东汉晚期以后才流行，所以三国时期的龙虎纹镜与东汉时期的龙虎纹镜一样，都是圆形、大扁圆钮、圆钮座。主题纹饰突出，以浮雕式一龙一虎夹钮对峙环列，镜边多有锯齿纹及水波纹，镜体较厚［黑白图101］。龙的形态与东汉镜相同，基本都是头上尾下、侧面，有角，肢爪齐全，身有鳞甲。在我国，龙是最具生命力、最受宠爱的神物。它能巨能细，能幽能明，能兴云作雨，能降魔伏怪。既是英勇、权威和尊贵的象征，也是神圣、吉祥、喜庆、前进、向上、丰美和无所畏惧的象征。虎则是百兽之王，是勇气和胆魄的象征，可镇祟避邪、保佑安宁。龙虎饰镜，有生龙活虎、英勇无畏、吉庆显贵、避邪安宁的寓意。

肆　隋唐铜镜

隋唐时期，是中国封建社会政治、经济、科学和文化发展的全盛时期，铜镜工艺技术取得了空前的成就。其中唐代时期的铜镜，以它浑厚凝重的镜体、花式新颖的造型、争芳斗艳的题材、新颖丰富的内容、繁盛豪放的风格，摆脱了以前拘谨古朴的图案，迎来了划时代的变化，开拓了全新的铜镜艺术领域，代表了制镜工艺的很高水平。

广西地区隋唐时期的铜镜，主要有四神生肖纹镜、瑞兽纹镜、瑞兽葡萄纹镜、花枝纹镜、瑞兽鸾鸟纹镜、禽鸟纹镜、龙纹镜、神仙人物故事纹镜、素镜等。

四神生肖纹镜　这类镜是隋代较典型的一种镜。其主要特点是出现了伏兽纹钮座，纹饰以二道锯齿纹将镜背分为内、中、外三区。内区钮外的凹面双线方格外四角与双线 V 形兽面纹相对分四小区，小区内青龙、白虎、朱雀、玄武四神各踞一方。中区为楷体铭文带。外区施十二生肖纹。这种十二生肖纹与汉镜中的十二辰铭文不同，都是日常生活中习见的动物形象，形态逼真，生动活泼。以十二生肖饰镜，有"周而复始、绵延不断、永葆长久"的吉祥寓意 [黑白图106]。这种形式的镜，一直沿用到盛唐时期。

瑞兽纹镜 这类镜的特点是钮座除圆形外，还有瓣形纹座；镜背大部分都有一周突起的高圈分区。内区以浮雕式龙、虎、麒麟、狐、狼之类的兽作为主要纹饰，兽的形态各异，多为活泼跳跃状。唐代服饰中有"紫瑞兽袄子"、"瑞牛纹"或"瑞马纹"袍，可见铜镜上的兽亦可概称为瑞兽纹。其中有的内区四瑞兽，外区花草纹 [黑白图109]；有的内区六瑞兽，外区为铭文与禽兽纹相间 [黑白图108]；有的内区瑞兽纹，中区为八卦与卷云纹，外区十二生肖纹，缘部为铭文 [黑白图107]。这类镜可能与当时人们的避邪意识有关。据唐人小说《古镜记》中记述：隋代汾阴人侯生临死时，将一面能够避百邪的古镜赠给王度。这面镜的内区为龟、龙、凤、虎纹，中区为八卦纹，外区为十二生肖纹，最外为铭文，与上镜的纹饰、布局基本相同，表明这类镜正是前人用于避邪的吉祥物之一。

瑞兽葡萄纹镜 这类镜的形制，以圆形为多，方形少数，钮以伏兽钮多见，圆钮较少，钮周围大部分无钮座，少数为圆钮座，个别为花瓣座。纹饰布局方面，圆形镜一般以一周凸起的高圈将镜背分为二区，方形镜则以一凸起的方格分区。内区有饰瑞兽的，也有饰葡萄的。饰瑞兽的有四兽、六兽不等。其中饰四兽纹者，有的配以葡萄枝蔓 [黑白图114、118、119]，有的配以四禽鸟 [黑白图112]，有的配以花枝 [黑白图113、115]；饰六兽纹的配以葡萄串 [黑白图111]。有的内外区的葡萄枝蔓相连 [黑白图114]，有的全用葡萄组成花叶图案 [黑白图116]，有的全为葡萄串和枝蔓 [黑白图117]。外区大部分配以葡萄或瑞兽，有的还有蜻蜓、蜂蝶飞舞其中。这类镜采用浮雕技法，镜身厚重，主纹由珍禽、瑞兽、葡萄相间环列组成，纹饰圆润饱满，画面清新活泼，富丽堂皇，制作极为精致，是盛唐最著名的铜镜之一。

花枝纹镜 这类镜有圆形和八出葵花形、圆钮，有的无钮座，有的圆座或花瓣座。纹饰有两种：一种主纹饰以大花枝配小禽鸟，可称为写生大串枝 [黑白图124]。晚唐时期的花枝镜，镜大钮小，钮外环绕三鸟三花，再外环列大花枝，浅浮雕式的花鸟不甚清晰，外有一圈凸弦纹 [黑白图125]。另一种主纹饰以六团花，有人称为宝相花镜或簇六规矩宝相花镜，也有称团花镜。其特点是近缘处有一凸高圈纹分内外二区，内区六朵盛开的团花与佛像及菩提树相间环绕成圈，每朵团花为六瓣，自成一圈，锦团花簇，富丽庄严，外区为铭文 [黑白图126]。所称的宝相花，一般指把某些花卉形态（主要是荷花或莲花）的花朵进行艺术加工，变成一种装饰化的花朵纹样。因其花蕊和花瓣基部用圆珠作规则的排列，像闪闪发光的宝珠而得名。这种镜的纹饰繁缛细致，主要流行于隋至初唐之间。

瑞兽鸾鸟纹镜 这类镜有两种。一种为圆形、圆钮、圆座。一凸起的双弦高圈将

14

纹饰分为内外二区，内区为高浮雕式六兽环列，外区为一鹊七瑞兽与花枝环列［黑白图127］。第二种为葵花形和菱花形，皆圆钮无钮座，素葵缘或菱瓣缘内饰蜂蝶花枝纹。主纹有的为浮雕式二兽二鸾相间环列，禽兽间配以花枝和卷叶纹［黑白图129］。有的双鸾衔花枝而立，脖颈弯曲，舒展双翅，长尾高翘，轻盈华美，婀娜多姿，其间填以走兽、流云等，有人称之为鹊衔花枝纹镜［黑白图128］。此镜是青年男女间爱情的信物，以表达永结同心、爱情长久的愿望。

禽鸟纹镜 花鸟图案是唐镜纹饰的代表，被誉为集唐代工艺图案之大成。这类镜在广西主要有三种：一种是对称花鸟纹镜，又称对鸟纹镜。纹饰布局大体为二鸟左右夹钮对称站立，钮的上下配以相对的龙及流云等各种纹饰，图案组织变化灵活，内容丰富。双鸟同形，羽翅舒展，长尾高卷，脖颈弯曲，回首啄羽，神态轻盈华美，婀娜多姿，安静悠闲［黑白图120］。有的以花枝为主，钮的左右各有一飞鸟，花枝间还缀以四蜂蝶，呈现出枝叶丰硕、花苞华丽、禽鸟蜂蝶飞舞的景象，充满生活气息［黑白图121］。另一种为雀绕花枝纹，也有人称为小串枝花鸟纹。有菱花形和葵花形两种。除少数分区外，大部分不分区。钮外基本都是四鸟与四花枝相间为多。有些镜的四雀中有的雀展翅飞翔，有的雀伫立［黑白图122］；有的内区四鸟同向环飞，外区八雀与花枝相间［黑白图123］。其菱花边缘有饰流云的，也有饰花枝的，与内区纹饰构成了富有诗情画意的"鹊影菱花满光彩"的妙景。唐代铜镜的造型突破以前圆形的束缚，创造出菱花、葵花、亚字形等，丰富了铜镜的外形，使纹饰美与形式美相得益彰。尤其是花卉、花鸟纹镜，内容与形式和谐统一，获得了更为完美的艺术效果。第三种是四鸾衔绶纹镜。其特点是圆钮座外以一周双弦凸起的斜面短线高圈将镜背分为内外两区。内区饰四鸾衔绶绕钮展翅环飞，鸟的形象不一，姿态各异，鸾飞绶舞，轻巧活泼，气氛热烈。外区配以景镜相融的四言六句妙诗铭文，诗情画意更为浓烈［黑白图110］。

龙纹镜 只有单龙纹镜一种。常见的有葵花形，晚唐时期出现亚字形。小圆钮，无钮座。纹饰不分区，一条昂扬腾空的龙绕钮作C形盘曲，张口露牙，回首衔钮，作吞珠状。整条龙伸肢露爪，鳞片满身，强壮精健，神态轩昂，云纹缭绕，灵活飞动［黑白图132、133］。这种一龙盘屈飞腾的龙，古人称为盘龙。诗人李白的"美人赠此盘龙之宝镜，烛我金镂之罗衣"的诗句中，就明确称为"盘龙镜"。其实，唐人称之为"天子镜"的较普遍。正如白居易对生动的盘龙镜形容为"背有九五飞天龙，人人呼为天子镜"。这种镜气势雄伟，造型敦实，刻画精细，因而从唐代皇室到民间，人们都喜欢使用这种镜。

神仙人物故事纹镜 这类镜主要是以民间传说、神话故事、历史人物、社会生活为题材，选择一些人们熟悉的内容，以图像的形式表现在铜镜上，形式多样，内容广泛，神奇有趣。广西现有的这类镜，镜形为葵花形，圆钮，无钮座。纹饰不分区，主要是仙人骑兽或驾鹤纹，纹饰华丽而神奇。这类仙骑的题材是神仙人物故事纹镜中最常见的形式，一般是四个仙人。有的二仙骑兽与二仙驾鹤相间环绕，缘部点缀蜂蝶与花枝［黑白图130］；有的四仙均骑兽，兽的体态丰腴，四肢奔腾，作迅跑状，仙人骑在兽背上，身后披帛，腾空飞翔［黑白图131］。

素镜 这类镜有圆形和菱花形两种，皆为圆钮。钮外都有一周凸起的高圈将镜背分为内外两区，两区均素地无纹，弧面素凸宽缘或素窄凸菱缘。圆形镜虽不大，直径只有11.6厘米，但边缘却厚达1.4厘米，较汉镜厚重，铜质银白细密，器表除锈斑外，大部分墨绿闪亮，给人简朴厚实之感，是少见的唐镜精品［黑白图134］。菱花形镜的唐镜的造型特点明显：八瓣的菱弧浑圆而协调；镜背不仅以粗弦纹高圈分出内外区配置，而且外区的层位比内区高［黑白图135］。

从上述铜镜可以看出，唐代铜镜的成就，除了创造出菱花、葵花、亞字形等新的镜形，纹饰的构图和总体布局还摆脱了唐以前多圈布置和内区主纹、外区铭文的结构，纹饰不分区，环绕对称布置，构图灵活，主题突出，空间疏密有序，纹饰流畅华丽，给人清新明朗、活泼自由之感。

伍　五代铜镜

所谓五代，是"五代十国"的简称，是唐末藩镇割据分裂的延续时期。其中的五代是指北方中原地区相续出现的后周、后汉、后晋、后梁、后唐五个朝代，十国是指北方的北汉和南方的南汉、南唐、吴、吴越、闽、楚、荆南、前蜀、后蜀十个小国，历史上简称五代十国。其延续时间从公元907年至960年，只有短暂的五十三年。这一分裂割据时期，战争连绵，经济受到破坏，铜源缺乏，铜镜的铸造开始走下坡路。铜镜的特点是以圆形、方形和亞字形为主，菱花形和葵花形镜已趋衰落，镜体轻薄，工艺粗放，镜钮变小，素面微凸缘，铜质坚实光亮。广西发现的五代镜，数量很少，只见吉祥铭文镜和弦纹镜两种：

吉祥铭文镜 这类镜为方形、小钮、素凸方缘。镜背纹饰分区，内区四字铭文与四花瓣纹相间环列，铭文为"千秋万岁"四字。外区饰点线纹。镜体十分轻薄，边厚只有0.15厘米。铸造马虎，工艺粗放，有些纹饰不甚清晰［黑白图136］。这种铭文镜在1955年湖南长沙扬湾77号五代墓[27]和江苏连云港市五代吴大和五年（公元933年）墓[28]均有出土。这两处出土的铜镜除镜形为圆形或亞字形外，其文字的排列顺序和"万"字的简体写法都基本一致，说明五代时期简体"万"字的使用已很普遍，对研究我国汉字的演变和书法艺术的发展具有重要的意义。

弦纹镜 这类镜为八瓣菱花形、圆钮、圆钮座。座与镜缘之间的中部两圈弦纹，弦纹圈的内外均素地无纹。素宽凸菱缘。此镜五代的时代特征明显：一是菱瓣的弧线浑圆协调，具有唐代菱花镜的造型遗风；二是钮外无凸弦高圈分区，与唐代菱花镜的高圈分区和外区层位比内区高的造型明显不同；三是镜缘为素宽微凸菱，与唐代的高凸厚边不同；四是镜钮小，较唐镜小得多；五是铜质与宋式镜不同，具有唐式镜质坚光亮的特点；六是镜体轻薄，没有唐镜的厚重，其直径达 18.4 厘米，而缘厚只有 0.3 厘米 [黑白图 137]。

陆　两宋铜镜

两宋时期，北宋和辽、夏并立，金和南宋对峙，呈现出复杂的政治局面。连年战争的影响，铜源匮乏，供不应求。铜禁严明，铜镜虽为民铸，但必须经官方查验，加上市面交易又按量计价，致使铸镜手工业的发展受到限制，出现了日渐衰落的趋势。这时期的铜镜大都重在实用而不求华美，工艺衰退，平刻式取代了浮雕式，轻薄少纹者多。虽然如此，但有价值的铭文和有时代风格的铜镜仍为主流。此时的铜镜除一些创新的题材外，还创造了带把和盾形等新镜形。外形多样化是宋镜最重要的特征。从目前库存情况看，广西两宋时期的铜镜主要有龙纹、摩羯纹、鱼纹、花鸟纹、神仙人物故事纹、八卦纹、官私作坊铭文、吉祥铭文以及仿镜、素镜十种类型。

龙纹镜 菱花形，画面不分区，均为双龙纹。构图形式有两种：一种是钮两侧各有一条呈"3"字形屈曲的龙，两龙相向，首尾相接，逆时针绕钮曲卷环列，呈相互追逐状。两龙的形态相同，侧面、张口、有角、身躯细长、有鳞甲，尾部有云彩点缀，与金代双龙纹镜的布局大体相同 [黑白图 138]。另一种是钮两侧各有一条蜿蜒曲折飞舞的云龙，两龙隔钮相对，身躯蜿蜒于龙头之上，龙的形象已没有以前那种四足走兽模样。其下有波涛汹涌的海水，岸上有轻烟飘扬的香炉，为宋代典型的双龙纹镜 [黑白图 139、140]。

摩羯纹镜 所谓摩羯，是指海中的大鱼。梵语称摩伽罗鱼、摩羯鱼，译曰鲸鱼、巨鳌。其体大身长，有人形容它"眼如日月，鼻如泰山，口如赤谷，吞陷一切，谓鱼之王也"。相传是古印度神话中一种动物，被认为是河水之精，生命之本。南北朝时期，古印度的摩羯鱼传到了中国。由于摩羯能兴云作雨，镇火防灾，因而佛经上将它视为雨神之座物，做成脊饰置于建筑物上，名曰鸱尾。唐宋时期的建筑物、金银器、瓷器上多有摩羯纹出现，宋金时期的铜镜也采用这种纹饰。广西现存的这类摩羯纹镜为葵花形、圆钮。钮外有一摩羯，形态为龙头、鲤鱼身，身有羽翼，置鱼尾，回首张口衔钮，若吞珠状，尾上方有火焰纹［黑白图141］。这种镜，一般称为鱼化龙纹镜，也有称鱼龙变化纹镜。从其似龙非龙、似鱼非鱼的形象看，结合我国鲤鱼跳龙门的民间传说"河津一名龙……每暮春之际，有黄鲤鱼逆流而上，得过者便化为龙"分析，此镜的纹饰应是鱼化龙的寓意。不过，从摩羯尾部上方饰火焰纹看，与佛教崇尚的能兴云作雨、镇火防灾的雨神当有一定的联系。

鱼纹镜 这类镜数量不多，只见圆形带把一种。纹饰不分区，主题纹饰为鱼。其构图特点是镜背上满布细密的水波纹，茫茫大海波涛翻滚，卷起细浪，一鱼横置其中。鱼的形状为头小、身大、尾细，在整个画中鱼体显得细小而扁平，立体感不强，背鳍不明显，整条鱼身都在一条直线上，缺乏摇头甩尾的游动感，显得僵直呆滞，毫无朝气，没有金、明时期的鱼纹生动逼真，给人随海漂流之感［黑白图142］。

花鸟纹镜 以禽鸟为装饰题材的铜镜，在宋代比较常见。这类花鸟纹镜，器形有圆形、八瓣菱花形和八棱边形三种，均为小圆钮，多无钮座，有的为连珠纹钮座。纹饰有分区和不分区两种。分区的内区一般为双凤环钮满铺，中区为花卉纹，外区光素无纹［黑白图144］；不分区的主纹为双凤同向环飞，隔钮相对。双凤羽翼丰满，尖嘴花冠，舒尾飘忽。有的凤尾既像叶瓣又像竹笋或羽扇［黑白图143］，有的繁花似锦，有的犹如卷草，加上凤口中所衔的花枝点缀，令人情趣油然而生。整面镜的构图，给人清新隽雅、活脱灵秀之感，显然是宋代禽鸟纹镜中较华美的一种。

神仙人物故事纹镜 这类镜是宋代比较流行的一种镜。镜形多样，有圆形、葵花形、菱花形、盾形，有的带把。钮形以圆形为主，少数鼻钮。一般无钮座，少量有连珠纹和花瓣纹钮座。纹饰布局大部分不分区，有的分二区或三区。表现的题材十分丰富，有反映神仙精灵和传说故事的，也有反映现实生活。涉及的内容十分广泛，其中有以松树、仙人、侍童、马鹿、仙鹤、灵龟为基本构图而寓意长寿的［黑白图149］，有反映飞仙故事的［黑白图146、147、148］，有仙人乘凤的［黑白图150］，有神仙抛剑降龙的［黑白图151］，有仙人过 海的［黑白图153］，有人物故事的［黑白图152、154、155］，有乐师合乐的［黑白图156］，还有描绘船舶航海［黑白图145］、轩辕耕牛［黑白图157］等故事内容的。

八卦纹镜 这类镜是宋代最为流行的一种镜，与人们的思想文化关系密切。镜的形制有圆形、葵花形、菱花形，有的带把。纹饰布局有三种形式：一种纹饰不分区，主纹环列八卦纹［黑白图160］。第二种是有明显的分区，一般以方格纹分二区或三区，八卦纹与其他纹饰相配置，内容比较丰富。有的与铭文、树木、水池、火焰、香炉等配置［黑白

图 158]，有的与日月、星辰、山岳、树木、铭文相配 [黑白图 159]。第三种是没有明显的分区界线，但有内外两层花纹 [黑白图 161]。这种八卦纹镜与道教有关，对研究宋人的思想文化有重要意义。

官私作坊铭文镜　这类镜出现于北宋末年，虽然素地无纹，装饰简单，但标有商标性质的铭文，铸造地点明确，对研究宋代铸镜产地的分布、各地的铸镜工艺以及地区间质量的差异等提供了重要的实物资料。这类镜有葵花形、菱花形、棱边形、圆形、盾形及带把等多种。铭文铸于长方形框内，有镜钮的铜镜长方框多放在钮的右边，少数放在左边；无钮的带把镜，长方框一般放在镜的中部。框内的铭文基本都是两竖行，以湖州镜最多。铭文内容有官方铸镜机构"湖州照子局" [黑白图 162]，有私家作坊"湖州石家" [黑白图 166]、"湖州石家青铜照子记" [黑白图 164]，有广告宣传产品质量的"石家法炼"[黑白图 165]、"石家上色" [黑白图 163]，有业主姓名以辈分排行为称呼方式的"石家念二叔" [黑白图 167、168]、"石家三叔" [黑白图 169]、"石十五郎" [黑白图 170]。除石家外还有"湖州陆家" [黑白图 171]、"平江府章家" [黑白图 172]。通过这些铭文，使我们了解到宋镜的一些情况。比如通过"石家上色"铭文可了解到宋镜的质量问题。1958 年浙江省文管会在接收的文物中发现一件葵花形仪凤桥石家青铜镜的镜背上，铸有"湖州仪凤桥石家一色青铜镜"铭文。这面镜与前镜同是"湖州石家"镜，所铸的"一色"与"上色"应是同一个意思。对于"一色"这个词，前辈已考释为"皎洁白明"[29]。据此，所谓"上色"亦应指镜面的颜色为毫无斑点的"上等颜色"之意。又如"真父王""真正石念二叔""真石家念二叔""真炼铜照子"铭文的"真"字，除了表明"湖州石家"铸镜铺所铸的镜是当时颇有权威的名牌产品，还说明当时有假冒名牌的铜镜充市，因而要加刻"真"、"真正"的字样让消费者放心购买使用。另外，宋人对铜镜的通称与众不同。他们不是称作"铜镜"，而是称为"照子"。考其原因，是为了避宋太祖祖父赵敬之讳而改"镜"为"照子"的。这种称呼成为宋镜的时代特色。还有"平江府"，以"平江"命名的有今江苏省的苏州市和今湖南省东北部的平江县，而宋代设府的只有苏州市一处，是宋政和三年（公元 1113 年）升为平江府的，所以"平江府"应是今江苏省的苏州市。再者，通过"湖州照子局"铭文使我们了解到宋代中央政府很重视铜镜的铸造，在湖州设置专门的铸镜管理机构——"照子局"来管理铜镜的铸造。

吉祥铭文镜　铜镜上装饰铭文，除了上述纯商标性质的铸镜地名内容，还有吉祥语一类。这类镜主要有菱花形和圆形带把的宫扇形。平顶小圆钮、小鼻钮，素窄菱缘或素窄缘。其装饰有两种：一种是以"十"字线分格，每格一字铭 [黑白图 173]；一种是铭文与其他纹饰相配，比如有铭文与宝剑及火焰纹相配 [黑白图 174]，有铭文与鼎式炉纹相配 [黑白图 175]。这些吉语铭文具有言简意明、中心突出、字体变化、装饰性强的特点。

仿镜 两宋时期，由于缺铜和铜禁，民间销钱私铸镜者不少。有的私铸者为避官府查验而仿铸前代的铜镜，因而宋代的仿古镜较多。广西出土的宋仿镜，主要是仿汉镜。镜形有圆形、葵花形和棱边形，纹饰以仿汉博局纹为多。有博局禽兽纹［黑白图176］，有八子十二孙博局四神纹或禽兽纹［黑白图178、179］，还有仿汉浮雕式的龙虎纹［黑白图177］。这些镜的特征主要有四方面：一是铜质色泽差，缺乏汉镜那种深灰或银灰的色泽，有的几近红铜［黑白图177］；二是纹饰呆滞，没有汉镜的纹饰清晰、挺劲流畅；三是镜形变化，有的虽然仿汉镜的子孙博局纹，但镜形却是葵花形或六棱边形，这种镜形是汉镜所没有的；四是镜钮虽为圆形，但钮顶却较扁平，有的还出现平顶小圆钮，这是宋代有镜架出现后才产生的平顶现象。由此可见，宋代的仿镜不能忽视，应多加研究和总结，对识别和鉴定传世的仿镜很有参考价值。

素镜 这类镜的特点是器形多种，有圆形、葵瓣形、盾形和棱边带把等，镜体轻薄，镜钮为平顶小圆钮，皆素面凸边。有的于近缘处有一圈弦纹［黑白图181］。较为特别的是棱边带把镜，其镜缘凸边与镜把凸边不相连，具有金代带把镜的特点；镜缘和把缘都是高凸的素棱边曲缘，给人粗犷和棱角分明的感觉，较为少见［黑白图180］。

柒　元代铜镜

元代手工业有所恢复，而铜镜的发展却处于衰落期。铜镜的数量不多，种类少，铸作粗劣，工艺不高，有些纹饰不甚清晰，铭文模糊。元政府改用白银为货币后，铜禁放宽，铜料来源较广，有条件制作较大的铜镜，因而镜体一般比宋金铜镜厚重，镜径较大。这一时期的铜质，因铅锌成分增加而成为粗糙的黄铜。

广西现存的元代铜镜主要有花鸟纹镜、神仙人物故事纹镜、梵文镜、八卦纹镜四种类型。镜形有圆形和圆形带把的宫扇形。镜钮有圆钮、平顶圆钮、长方形钮；钮座以圆形和花瓣形多见。缘部形式有直角式素窄高缘、双线素凹圈卷缘、素宽平缘和素窄缘等，其中双线素凹圈卷缘是元代最早出现、明清时期使用最多的一种形式。纹饰有缠枝牡丹、缠绕式卷草、双凤、双龙、人物多宝、八卦等。铭文有"宫"字铭，带长方框的一竖行和一横三竖行铭，有的则全用梵文装饰。

花鸟纹镜 此书选录两面。一面胡东有双凤牡丹纹镜［黑白图182］，一面胡东有缠枝牡丹纹镜［黑白图183］。两镜的元代特征明显：一是两镜除有商标性质的"上等端正青铜镜"铭文外，还有"吉安路城隍庙下礼巷内住胡东有作"铭文。考"吉安"，元贞元年（公元 1295 年）改吉州路置吉安路，治所在庐陵（今江西省吉安市），明改吉安府，1912 年废。由此可见，吉安只在元代设路，明代已改为府。这表明此两镜为元代产品。1972 年江西九江市出土一面元代蔓草兽纹镜，镜背外区长方框内亦铸有"吉安路胡东有作"七字铭文[30]，铸镜的地点、人名与此二镜相同，显然是同一时代、同一地点、同一人的作坊制作的铜镜。二是两镜的纹饰布局包括钮座在内达 3～4 层，与同时期的元代青花瓷器上的多层纹饰布局一致，具有元代纹饰布局的时代特点。三是铜镜上装饰的凤鸟纹，与元代青花瓷器上的凤鸟形象一样，都是十字形展翅转体、曲颈回首、拖着长卷尾的形象，给人轻巧灵活、生动活泼的感觉。四是铜镜上装饰的蔓草与元代青花瓷器绘的蔓草一样，都是连续缠绕式的卷叶蔓草；所绘的牡丹为缠枝牡丹，而且都是描绘牡丹花的正、侧、背三面，富于变化。

神仙人物故事纹镜　广西只见人物多宝纹镜一种。镜形为圆形、圆钮、灵芝祥云钮座，素宽平缘。纹饰为高浮雕，不分区，自上而下横列式分层布局，无层次界限。装饰内容有仙人、仙亭、仙鹤、仙鹿、祥云、麒麟、法螺、香炉、宝瓶、宝葫、宝盆、珊瑚、方胜、犀角、灵芝、画卷等，其间有一"宫"字铭 [黑白图 184]。整个宝镜图案利用假托、转喻和谐音来象征吉祥如意、平安长寿。与明代多宝镜相比有几点不同：一是这面元代多宝镜的面径达 32.5 厘米、缘厚 1.3 厘米，镜体特别大且厚重，具有元代镜体的特点，而明代多宝镜的面径一般在 8～18 厘米之间。二是元代多宝镜的铜质色泽为黄铜质，明代为黄中闪白。三是元代多宝镜为圆钮，且有圆钮座装饰，而明代为银锭钮，无钮座装饰。四是元代多宝镜为素宽平缘，与 1955 年陕西省鄠县天河村元墓出土的出游镜的素宽平缘一致[31]，而明代的多宝镜为素窄缘[32]。五是元代多宝镜有"宫"字铭，明代的多宝镜无"宫"字铭。"宫"是古代房屋的通称，一般指神庙，如天后宫、洞霄宫等。1986 年河南省孟津县出土的元代八卦星相纹镜中就有道教宫观"太清宫"、"紫微宫"铭文[33]。元人既信奉佛教，也信奉道教。铜镜中出现具有道家色彩的仙者和道教宫观的"宫"字铭记，是元人宗教信仰的实物反映。元代镜"宫"字铭记的外围无圆圈围绕，而明代镜上有"宫"字铭的，字的外周多有圆圈围成戳印式[34]，与明代其他仿镜的铭文形式一致。

梵文镜　这类镜为圆形、平顶圆柱形钮、素窄缘。钮顶、钮外两区共有三十七个梵文装饰，其中钮顶平面上一字，内区十六字，外区二十字。用梵文作为铜镜的装饰，是元代铜镜的特色 [黑白图 185]。

八卦纹镜　只见圆形带把的宫扇形一种。其特点是镜体比宋金时期的同类镜明显厚重，镜背纹饰分区，但区界不清晰。内区所饰的龙为长嘴、张口露牙、下颌长于上颌、独角、鳞甲圆突、身躯弯曲的侧面龙。外区近缘部分饰以八卦纹 [黑白图 186]。

捌 明代铜镜

明代铸镜业较宋代发达，铜镜数量多，且具有新意。特别是官方制作的铜镜比较华美，精品不少。镜的质量多为黄铜，质色黄中闪白，锈色黑者居多。镜的纹饰既沿袭传统的题材，亦有一些创新的图纹，就是仿镜也有所变化。镜形又回到唐以前的圆形，其他形式极少。镜体较大，胎质较厚，形制简朴规整。镜钮别具一格，一般比较低平，流行银锭钮、平顶圆钮或平顶圆柱钮，有的钮顶有印章式商标性质的铭记。镜缘多素凹或凸缘，有素宽平缘、素窄缘、素窄卷缘和双线素凹圈卷缘。这一时期的仿古镜特别多，以仿汉镜为主。从整体上说，明代铜镜的质量有所提高，成为衰落期的回光返照阶段。这时期广西的铜镜主要有鱼纹、龙纹、神仙人物故事纹、吉祥铭文、官私作坊铭文及仿镜等。

鱼纹镜 这类镜的铜色黄中闪白，圆形，具有明代特点的银锭钮、双线素凹圈卷缘，钮外双鲤鱼环列。两鱼同形，合嘴、圆眼、粗鳞、折尾。二鱼首尾相随，背内腹外，展鳍摆尾，呈逆时针同向游动状。鱼的形态与山东聊城地区、河北宝坻明墓出土的双鱼镜的鱼形相同(35)。以鲤鱼饰镜有多种含义。首先，取鱼与余谐音，以寓意生活富足、连年有余和吉庆有余；其次，鲤鱼籽多，也是祝吉求子、生育繁衍的象征；再者，民间流传"鲤鱼神灵"说。据陶谷《清异录》记载："鲤鱼多是龙化，额上有真书王字者，名王字鲤，此尤通神。"把鲤鱼视为龙的化身，并具有神之灵气。尤其自唐代开始实施科举制度以后，人们把通过考试入仕为官喻为鲤鱼跳龙门。其构图简练对称，内容突出，寓意吉祥，图纹活泼，富有生活气息［黑白图187］。

龙纹镜 只见单龙纹一种，是明代最为流行的一种镜。在镜背的钮下方，一条昂首启嘴的巨龙，腾空跃起，张牙舞爪，升腾蜿蜒，翻转蟠曲，肢尾相缠于钮上方。龙体细长，轻巧灵活，强劲有力。龙头前方云雾升腾，若吐雾状。云雾旁一长方牌内有洪武纪年铭文［黑白图188］。

神仙人物故事纹镜 这类镜基本为圆形，少数方形。最有特点的是人物多宝纹镜。银锭钮，双线素凹圈卷缘。纹饰布局为自上而下分层排列，内容有仙鹤、聚宝盆、犀角、灵芝、银锭、香炉、人物、宝珠、鹿、梅花等。这些纹饰都是日常用品和动植物，含有吉祥的寓意，以谐音、转喻、假托来象征吉祥。如仙鹤，古人传说鹤随神仙道人云游，被称为"一品鸟"。飞翔云中的鹤隐喻"一品高升"。鹤又是祥瑞之禽，是"寿不可量"的长寿之王，故又有长寿之寓意。银锭，特具财宝之值，是财富的象征。梅花，古人称为"报春花"，为吉庆的象征。梅花的五瓣象征五福，即快乐、幸福、长寿、顺利、和平。梅花能耐寒开放，"独天下而春"，是传春报喜的象征［黑白图189］。另一面是人物星辰纹镜。镜的上端饰折线连接的三颗星辰纹，星辰纹之下的钮两侧各站立一人，左男右女，女士侧脸窥视男士，其图纹内容不详。有人认为是金代的牛郎织女纹镜［黑白图191］。但笔者审视此镜，缘部为双线素凹圈卷缘。据目前所知，这种形式的镜缘最早出现于元代［黑白图183］，而大量流行于明代，其铜的质色也是明代的黄中闪白的黄铜质，而非宋金时期的黄中闪红铜质，故此镜应为明代产品。至于牛郎织女故事纹的铜镜，湖南省博物馆藏有一面，该镜亦为圆形，主纹上半部饰流云日月，鹊鸟欢飞，下半部为银河鹊桥，桥的两端有童子扶着一男一女（即牛郎织女）相会[36]。与之相比，此镜却缺乏流云、日月、鹊鸟欢飞、银河鹊桥和童子，故不以牛郎织女名之。至于方形镜只有朝阳鸣凤一种。一凤鹤立于树干上，回首朝日而鸣。凤为锦鸡头、大鹏翅、仙鹤腿、孔雀尾，为"仁鸟"祥瑞之禽，象征美好与和平［黑白图190］。

吉祥铭文镜　这类镜基本为圆形，个别为圆形带把的宫扇形，镜钮以平顶小圆钮为主，有的为银锭钮，无钮座。纹饰一般不分区，个别分区。铭文有四字铭和多字铭两种，以四字吉语最多。四字铭的布局，一般都是按上下右左的顺序排列，每个字的外周加一个方框或花瓣形框［黑白图193、196、197、198、199、202］。有的四字框铭与杂宝纹相间［黑白图200、201］。字的外周无方框，有在钮的两侧作两竖行排列［黑白图194］。多字铭的布局，不分区的作两竖行排列［黑白图195］，分区的作多竖行排列［黑白图192］。其中四字铭的"喜生贵子""福寿双全""百岁团圆""五子登科""状元及第""为善最乐"等，字体大，书法佳，言简意明，一目了然，具有强烈的求子、长寿、成才、快乐和美满的愿望，比之汉代铭文中的升仙辟邪意识更为现实，反映了人们思想意识的变化。

官私作坊铭文镜　明代的官私作坊铭文镜与宋代的同类镜截然不同。宋代的作坊铭文镜，是在钮的右边或左边置一长方形框，框内铸一或二竖行作坊铭文，而明代的作坊铭文镜，其作坊铭文是以方形印章的形式铸在钮的平顶面上。广西现存的这类镜，全为圆形，除了明万历二十四年（公元1596年）丙申一面为银锭钮、铭文铸在钮外［黑白图203］，其余全为平顶圆柱形钮，钮的面积增大，且较扁平。钮顶上铸以方形印章式四字铭，铭文内容为铸镜作坊或店铺名号，有"黄家自造"［黑白图204］、"近河自造"［黑白图205］、"吴振宇造"［黑白图206］、"薛奇亭造"［黑白图207］、"薛怀泉造"［黑白图208］以及"湖州薛益晋"［黑白图202］等，是了解明代铸镜手工业的重要实物资料。镜边全为素缘，有素窄缘、素宽平缘和双线素凹圈卷缘。这类钮上印章式铭文镜究竟出现于明代哪个时期？目前由于缺乏考古资料而难以确指。从上述资料看，明万历二十四年（公元 1596 年）的镜，其铭文尚铸在钮外。这面有确切纪年的铜镜能否作为这两类镜出现的时间界限？钮上印章式铭文镜到底出现于万历年前还是万历年后？这些问题还有待今后新资料的发现和进一步研究来解决。另外，铭文中出现的"近河自造"四字，"近河"是人名，明代湖州铸镜作坊的业主姓名中就有"薛近河""薛近峰""薛近泉"等人名[37]。这里的"近河"应是湖州的薛近河。还有从铜镜中常常出现的"湖州薛益晋""湖州薛敬泉""湖州薛仰溪""湖州薛仰峰""湖州薛思溪""湖州薛造"等铭文看，明代湖州薛家的铸镜作坊确实很有名。其他没有标明地点的"薛怀泉造""薛奇亭造"等铜镜，估计也是湖州薛家铸镜作坊的产品。如果这个推断不误，那么广西现存的这类铜镜可能大部分来自湖州这个铸镜中心。

仿镜 仿镜是明代铜镜中的重要部分，主要是仿汉镜，少数仿六朝镜。以仿八子纹镜和四子纹镜为多。仿八子纹镜的有主纹增加圆形"周"、"记"二字戳印的八子博局四神纹铜镜［黑白图 209］、带有圆形楷书"李"字和长方形九叠篆"寿"字戳印的博局纹镜［黑白图 210］，有增加带长方形框的"苏州曹家造"等两处铭文的博局纹镜［黑白图211］。仿四子纹镜的有增加圆形"吕"字戳印一处铭文的四子简化博局纹镜［黑白图217］，有增加二处圆形"吕"字戳印式铭文的四子神人画像纹镜［黑白图 212］，也有增加圆形"马"字戳印、"潘氏"和"灵芝"三处铭文的四子简化博局纹镜［黑白图 215］，还有带瓶形座的孙纹等纹饰有所变化的四子十二孙连弧纹镜［黑白图 214］以及缘部为双线素凹圈卷缘、仿战国西汉时期的四子蟠螭连弧纹镜［黑白图 216］。仿六朝镜的主要有平顶圆钮、双线素凹圈卷缘的四子神人龙虎画像纹镜［黑白图 213］。其中明代墓葬出土的仿汉八子博局纹镜，时代明确，是明代仿镜的标准器。该镜虽然仿得不错，但纹饰显得呆滞，锈色泛黑，平顶圆钮，最大特点是主纹增加了圆形楷书"周""记"二字戳印式的装饰内容。有"周家"铭记的铜镜在江西宋代饶州铸镜作坊就有出现。据此推论，这面镜有可能是来自饶州的产品。依据其特点，带有"李"字、"寿"字、"吕"字、"曹"字、"马"字圆形戳印和在纹饰中增加"潘氏"等铭文内容的镜，其风格与此镜相同，显然是同一时期的仿品。"李"姓家族铭记的铜镜在浙江湖州的宋明墓葬内均有出现，说明李家是宋明两代湖州的铸镜世家，因而它们可能是来自湖州铸镜中心的名品。明代仿镜的特点：一是铜质色泽黄中闪白，器表锈色多泛黑色。二是纹饰呆滞，不够清晰、流畅、挺劲。三是镜钮虽然多为圆形，但已较扁平，有的为平顶圆钮，有的为圆柱状平顶小圆钮或方柱状平顶小方钮。四是主纹增加内容或有所变化。增加的内容主要是铭文，铭文内容是铸镜作坊、店铺、匠师的名号，如"李""周""曹""吕""马""寿"等字圆形或长方形的戳印，有的则直接加上铭文，铭文压在原纹饰的一部分［黑白图 215］。纹饰有变化的，如四子十二孙纹镜的纹饰，其钮为子孙纹钮，钮外纹饰为六颗圆珠形孙纹，十二孙纹分四组与四个子纹相间环绕式排列，每个孙纹均装饰成瓶形的座，"瓶"与"平"同音，寓意子孙平安；连弧纹间各增加一朵六瓣形小花［黑白图214］。五是镜缘形式变化，有的边缘变为素凹圈卷缘，有的为双线素凹圈卷缘［黑白图216］。这种仿汉镜的镜缘形式是西汉时期所没有的。

玖　清代民国铜镜

清代民国的铜镜，除官府铸造以外，一般镜的质地差，铜质黄中闪黄，纹饰粗劣，不甚清晰，质量远不如明代。其种类、数量也大为减少，已经到了寿终正寝的最后阶段，最终被逐步兴起的玻璃镜所取代，无奈地退出了日常生活的历史舞台。这一时期，有些铜镜的镜钮已退化为无穿的假钮，只保留铜镜的形式而另加穿孔作为敲击或吉祥物悬挂，完全失去了鉴容的功能。在铜镜行将消亡的这一时期，广西只有官私作坊铭文镜、神仙人物故事纹镜、吉祥铭文镜、云纹镜、仿镜、日本镜和八卦纹镜等类型。

官私作坊铭文镜　多为圆形，少数方形。小圆钮、平顶圆柱形钮或长方形钮，多数无钮座，个别瓣纹座。纹饰简单粗劣，有四出钱纹、变形兽纹，部分除铭文外无其他纹饰。缘部皆素，有素宽缘、素平缘、素窄卷缘、素凸宽边等多种。镜体小而轻薄，直径一般在4.3～10.1厘米、缘厚在0.1～0.3厘米之间。铭文除"光绪新造"［黑白图218、219］、"文氏"［黑白图220］外，还有以四字句共十六字铭文装饰的"湖郡薛晋侯造"方镜［黑白图221］。铸有"薛晋侯造"的镜不少，名字前的地名标有"湖城"、"湖郡"和"湖州"三种，其实都是湖州镜。20世纪50年代曾有人认为是湖州宋代有代表性的早期作品[38]。事实上，薛晋侯并非宋代人。据清光绪《乌程县志》卷二十九载："薛，名晋侯，字惠公。同时称薛惠公老店，在府治南宣化坊。近年玻璃镜盛行，薛镜久不复铸矣。"由此表明，薛晋侯是清代人，惠公与晋侯是同一人。另外，从已知的材料看，1972年湖州市妙山出土的湖州薛惠公双龙纹镜、1982年浙江湖州出土的苕溪薛惠公方镜和中国历史博物馆馆藏的湖州薛晋侯造童戏镜都是清代镜[39]。由此可证，这类镜应为清代的作品。

神仙人物故事纹镜　只见月宫纹镜一种。此镜造型十分特别，为圆形带双足镜架，一双长条形的镜钮竖直并列于镜下方的近缘处，基本处在全镜通高中点偏下处。钮上饰玉兔在桂树下握杵捣药纹。三弦纹缘。镜下边缘与一镂空云纹八字形双足镜架相连，展现一幅"祥云捧月"的美妙夜景，颇为精致典雅［黑白图222］。这种造型的镜与湖南省博物馆收藏的宋代月宫镜[40]基本相似，但与之比较却有所不同：一是这镜有双钮而那镜无钮；

二是这镜边缘的三弦纹较宽，而那镜的三弦纹略窄；三是此镜的桂树树干较枯拙，枝叶分明，而那镜的树干较粗壮且有叶无枝，玉兔的身躯也无那镜的玉兔浑圆壮实。从铜质看，此镜的质色为黄中乏红多一点，表面光洁无锈，当属清代的仿铸品。这一时期，清乾隆内务府造办处铸造的镜子既精且雅，并常常配置镜座、镜架、镜套和镜盒等。因此，此镜有可能是清乾隆年间官方仿宋镜而铸造的产品。

吉祥铭文镜　这类镜为圆形，平顶小圆钮或长方形小钮，素窄缘或双线素凹圈卷缘。有些镜体小而轻薄，纹饰十分简单，只有两圈阴刻的弦纹，弦纹圈内阴刻铭文，内容有纪年铭文"光绪新造"和吉语铭"百子千孙"[黑白图 223]，有的于钮外阴刻四出钱纹和"丁财贵寿"铭文 [黑白图 227]。字外带方框的五子登科镜，有的与四宝纹相间 [黑白图 224]，有的与大雁纹相间 [黑白图 225、226]。清代的五子登科镜往往于钮外有双龙环绕，双龙之外围以凸起的弦纹圈，像钮座一样的装饰。这是区别于明代五子登科镜的特征之一。

云纹镜　这类镜为圆形，扁圆无穿假钮，均为素窄斜边凸缘。有的钮外一圈弦纹，弦纹外对称饰以四朵线条式桃形云纹。其外一圈十六圆珠纹，边缘内侧有两个后穿的小孔 [黑白图 228]；有的钮外饰以钮座式的四朵桃形云纹，云纹外近缘处一圈弦纹，边缘内侧亦有两个后穿的并列小孔 [黑白图 229]。这类镜出现了无穿假钮，于边缘内侧都有后加的两个并列小穿孔，显然是清代玻璃镜普及、铜镜失去正衣鉴容的功能后的产物。后穿的两孔估计是作为吉祥物悬挂或敲击时悬挂用的。

仿镜　主要是仿汉四子纹镜，均为圆形、平顶圆钮，锯齿纹和流云纹缘。纹饰为四子博局纹，右侧一长方框内一竖行阳文楷书"同治新造"四字铭，左侧一长方框内的铭文不清 [黑白图 230]。镜的铜质粗糙，纹饰浅平模糊，粗劣呆滞，品相极差。

日本镜　我国馆藏数量不多，除湖南省博物馆藏有九面[41]外，尚未见有新资料报道。广西博物馆藏的日本高砂松鹤齐寿纹宫扇形铜镜 [黑白图 231]，为目前国内所仅见。其特点为白铜铸造，圆形带把，镜边棱与柄边不相连，短把，把上缠藤条，直角式素窄高缘。主纹以象征高寿的松、竹、仙鹤、灵龟为题材，构图合理而自然，纹饰生动而精美，在图纹上压铸"高砂"两个大字。"砂"字左侧近缘处，有一竖行字体细小的铭文："天下一青山和泉守荣信"十字。通过这些铭文，使我们对这类镜有进一步的了解。

铸有像"高砂"这样两个大字的铜镜，日本人称为"大纹镜"或"大文字镜"，是日本江户时代晚期大量流行的铜镜。"高砂"原是日本兵库县的一个小地名，高砂地区的居民普遍长寿，是个著名的长寿之乡，成为人们仰慕的不老不死的吉祥地。后来，"高砂"二字成为日本国人公认的吉祥语，是祝寿、结婚等喜庆日子常用的祝词。铸有"高砂"两字的铜镜，与日本镜习见的"鹤龟""鹤乐""福寿""蓬来"等词一样，都是表示不老不死之意。以这种镜作为结婚的陪嫁礼品，有祝愿新婚夫妇白发齐眉、长久美满、平安幸福的寓意。

"天下一"是天下第一名牌的意思，属商业广告性质的铭文。"天下一"的镜是日本桃山时代有名的镜，即"天正十六天下一青家次"铸出的铭文，白铜铸造。这种镜很有名，仿铸者不少。天和二年（公元 1682 年），江户幕府下了一道禁令，不经批准不得随意将"天下一"三字铸在铜镜上。禁令下达后，到了江户后期，铸镜匠师们为免遭追究和处罚而将"下"和"一"两字连在一起书写，与禁令前书写的格式截然不同。

"和泉"是铸造铜镜的地名，地点在日本大阪的南部。

"守"与中国的解释相当。一般指"镇守""太守"，是郡一级地方行政长官的简称。这里应为"遵守""奉行"之意，即指这面镜所铸的"天下一"三字，是得到江户幕府批准、同意或承认的意思。

"荣信"是铸造铜镜的匠师名，无姓。中野政树编的《日本的美术和镜》一书中第112 图、东京国立博物馆藏的鲤鱼跳龙门纹带把铜镜，镜背上的铭文有"天下一青山和泉守藤原荣信"十二字，镜的工匠为藤原荣信。两镜的铭文相同，铸镜工匠都是"荣信"，应是同一人。这说明此镜工匠"荣信"的姓就是"藤原"，全称应是"藤原荣信"。

从上述铭文可知，这面铜镜是日本具有长寿意义的经江户幕府同意铸造的天下第一名牌镜，镜的铸造地在今日本大阪南部的和泉，是藤原荣信匠师铸造的。

八卦纹镜 道家认为太极与八卦组成的太极八卦图，具有神通广大、震慑邪恶的作用。在道教思想的影响下，广西的铜镜自隋代开始就有以八卦纹装饰的［黑白图 107］，一直到民国时期还有八卦纹镜出现。这种镜为圆形、扁圆钮、圆钮座，素宽平缘。钮周环列"乾艮坎震坤巽离兑"八个卦名，铭文外一周连珠纹，其外为与八个卦名相对应的八卦纹，八卦纹间以斜竖短线相隔。每个八卦纹外各有一铭，合为"民国七年太君宝镜"八字［黑白图 232］。这面镜是我国目前所知时代最晚的铜镜。

注 释

(1)　湖南省博物馆编《湖南出土铜镜图录》，第 39 页，文物出版社 1960 年 5 月版。

(2)　孔祥星、刘一曼《中国铜镜图典》，第 3 页，文物出版社 1992 年 1 月版。

(3)　同 (2)，第 154 页。

(4)　同 (2)，第 147 页。

(5)　同 (2)，第 146 页。

(6)　同 (2)，第 155 页。

(7)　同 (5)。

(8)　同 (2)，第 100 页。

(9)　同 (2)，第 144 页。

(10) 同（2），第 145 页。

(11) 同（2），第 19 页。

(12) 同（2），第 61 页。

(13) 同（2），第 207 页。

(14) 李泽奉、刘如仲《铜镜鉴赏与收藏》，第 49 页，吉林科学出版社 1994 年 1 月版。

(15) 同（14），第 57～58 页。

(16) 吴格言《中国古代求子习俗》，花山文艺出版社 1994 年 11 月版。

(17) 同（2），第 338 页。

(18) 同（2），第 314 页。

(19) 同（2），第 293 页。

(20) 同（1），第 149 页。

(21) 同（1），第 12～13 页。

(22) 参见《文物》1979 年第 4 期。

(23) 参见《考古学报》1986 年第 1 期。

(24) 周铮《"规矩镜"应改称"博局镜"》，《考古》1987 年第 12 期。

(25) 王仲殊《"青羊"为吴郡镜工考——再论东汉、三国、西晋时期吴郡所产的铜镜》，《考古》1986 年第 7
期。

(26) 丁瑜《难得的"同范镜"》，《长江日报》1994 年 6 月 21 日。

(27) 同（1），第 132 页，图 106。

(28) 同（2），第 785 页。

(29) 王士伦《谈谈湖州镜》，《文物参考资料》1958 年第 6 期。

(30) 同（2），第 882 页。

(31) 陕西省文物管理委员会编《陕西省出土铜镜》，第 180 页，文物出版社 1959 年 4 月版。

(32) 同（2），第 904～909 页。

(33) 同（2），第 892 页。

(34) 旅顺博物馆编《旅顺博物馆藏铜镜》，第 225 页，文物出版社 1997 年 2 月版。

(35) 同（2），第 898、900 页。

(36) 周世荣《中华历代铜镜鉴定》，第 165 页，图二三九，紫禁城出版社 1993 年 8 月版。

(37) 同（14），第 222 页。

(38) 同（29）。

(39) 同（2），第 939、949、945 页。

(40) 同（36），第 163 页，图二三五。

(41) 周世荣《湖南省博物馆收藏的日本江户时代铜镜》，《文物》1995 年第 5 期。

1.四山字纹铜镜　西汉

2.日有憙四子草叶纹铜镜　西汉

3.龙凤象猴纹铜镜　西汉

4.五子禽兽纹铜镜　东汉

5.元和三年七子瑞兽纹铜镜　东汉

6.王氏八子博局四神纹铜镜　东汉

7.新有八子八孙博局纹铜镜　东汉

8.八子十二孙博局纹铜镜　东汉

9.中国大宁博局纹鎏金铜镜　东汉

10.长宜高官变形四叶凤纹铜镜　东汉

11.位至三公直行铭夔纹铜镜　东汉

12. 长宜子孙四瓣石榴纹铜镜　东汉

14.龙虎对峙禽鸟纹铜镜　东汉

15.三羊子孙铭带纹铜镜　东汉

16.黄龙元年重列式神兽纹铜镜　三国

17.淮南瑞兽十二生肖纹铜镜　隋代

19.四瑞兽葡萄纹铜方镜　唐代

20.同心簇六团花铭带纹铜镜　唐代

21.四仙骑兽驾鹤纹葵瓣形铜镜　唐代

22.人物故事纹菱花形铜镜　宋代

23.洪武二十二年云龙纹铜镜　明代

24.高砂松鹤齐寿纹宫扇形铜镜　清代

44

1. 四山字纹铜镜

直径 11.6 厘米、缘厚 0.45 厘米。

1979 年湖南省博物馆捐赠。柳州市博物馆二级藏品。

圆形、弦钮、方形钮座，座外围以凹面带方格。纹饰由地纹与主纹组合而成。地纹为羽状纹。在地纹之上，于凹面方格的四角向外伸出四组二瓣连贯式的桃形花瓣，将镜背分为四区，每区内置一左旋式倾斜的山字。山字中间的竖画伸至镜缘，两侧的竖画上端向内转折成尖角，底边与方格边平行。素卷缘。

2. 四山字纹铜镜

直径 9.2 厘米、缘厚 0.4 厘米。

1967 年桂林市革命委员会移交。现藏桂林博物馆。

圆形、钮残、方钮座，外围凹面形带方格。纹饰由地纹与主纹组合而成。地纹为羽状纹，在地纹上，于凹面方格各边中部向外伸出一叶，在两叶之间各有一左旋的山字纹。山字的底边与凹面方格的四角相对。素卷缘。

3. 折叠式菱纹铜镜

直径 11 厘米、缘厚 0.5 厘米。

1967 年桂林市革命委员会移交。现藏桂林博物馆。

圆形、三弦钮、圆钮座。纹饰由地纹与主纹组合而成。地纹为羽状纹。在地纹之上，在钮座外有一由凹面宽条带组成的大正方形。正方形各边中部连接一连贯式菱形纹。上下左右的连贯式菱形纹以钮为中心两两对称。素卷缘。

4．四山字纹铜镜

直径 11.8 厘米、缘厚 0.3 厘米。

1976 年贵港市罗泊湾 M1 出土。广西壮族自治区博物馆二级藏品。

圆形、桥钮、方钮座。纹饰由地纹与主纹组合而成。地纹为羽状纹。在地纹之上，钮座四角向外伸出八花瓣，顶端又连接棒槌状长叶纹，花瓣与花叶所分四区内各有一山字纹。山字倾斜，两侧的竖画上端向内转折成尖角，中间竖画伸向镜缘，顶端与弦纹圈相接。素卷缘。

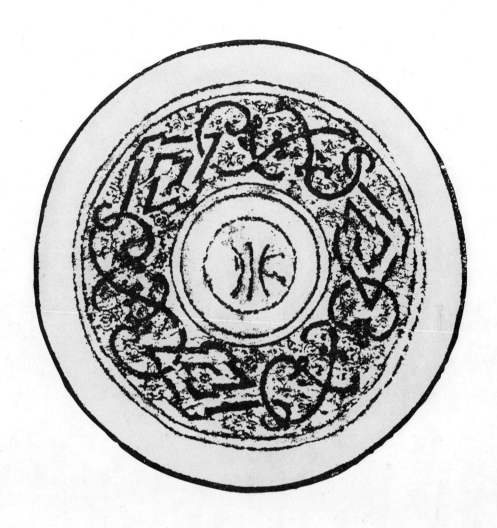

5.蟠螭菱纹铜镜

  直径 10.8 厘米、缘厚 0.35 厘米。

  1979 年贵港市罗泊湾 M2 出土。现藏广西壮族自治区博物馆。

  圆形、三弦钮、圆钮座。座外一周短斜线纹和一周主纹区，主纹区的纹饰由地纹和主纹组成。地纹为卷云纹，在地纹上饰以三组不规整的菱形图案将纹饰分为三等分，每等分内饰两条互相交缠的夔龙纹。素窄缘。

6. 蟠螭三叶纹铜镜

直径 8.1 厘米、缘厚 0.15 厘米。

1979 年贵港市罗泊湾 M2 出土。现藏广西壮族自治区博物馆。

圆形、三弦钮、圆钮座。纹饰由地纹与主纹组合而成。地纹为卷云纹，在地纹上于钮座处向外伸出三条棒槌状长叶，将纹饰平均分为三区，每区内均饰夔龙纹。素卷缘。

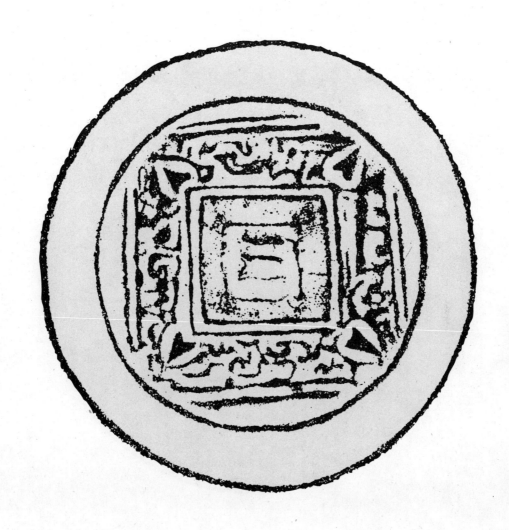

7. 蟠螭四叶纹铜镜

直径 7.3 厘米、缘厚 0.2 厘米。

1976 年贵港市罗泊湾 M1 出土。现藏广西壮族自治区博物馆。

圆形、桥钮、方钮座。钮座外两个双线方格之间，其四角以桃形叶纹将纹饰分为四区，每区分别饰变形卷螭纹。其外一圈弦纹。素缘。

8. 日有熹四子草叶纹铜镜

直径 14 厘米、缘厚 0.7 厘米。

1975 年贺州市铺门 1 号西汉墓出土。现藏广西壮族自治区博物馆。

圆形、圆钮、四叶纹钮座。座外两个一大一小的凹面双线方框,方框内四角有一桃形状叶(或称花苞),四边各有一句缪篆体三字铭,连读为"日有熹,宜酒食,长贵富,乐无事"。大方框的四外角伸出两瓣一苞花枝纹,四边外正中均饰一带圆座的子纹,每个子纹向外伸出一桃形状叶,子纹两侧各一枝向外伸出的二叠式草叶纹。内向十六连弧纹缘。

9. 铜华连弧铭带纹铜镜

直径 15.1 厘米、缘厚 0.5 厘米。

1975 年合浦县环城镇堂排 M28 出土。广西壮族自治区博物馆二级藏品。

圆形、圆钮、十二孙纹钮座。钮座外两周短斜线纹之间有一周凸宽圈纹带和一周内向八连弧纹带，凸宽圈纹与连弧纹之间填以简单的纹饰。外区铭文为"涑治铜华清而明，以之为镜宜文章。延年益寿辟不羊（祥），与天无极长未央"。素宽平缘。

10. 昭明连弧铭带纹铜镜

　　直径 11.7 厘米、缘厚 0.65 厘米。

　　1978 年贵港市大圩路口三角地 M1 出土。现藏贵港市博物馆。

　　圆形、圆钮、十二孙纹钮座。座外一凸面宽圈纹带及一周内向十二连弧纹带，凸圈与连弧纹带之间有简单的弧线纹。外区两圈短斜线纹之间的铭文为"内清质以昭明，光而象夫日月，心忽而忠不泄已"。素宽缘。

11. 昭明连弧铭带纹铜镜

直径 8.7 厘米、缘厚 0.4 厘米。

1980 年梧州市富民坊出土。梧州市博物馆二级藏品。

圆形、半球形钮、圆钮座。座外一周内向八连弧纹带。外区两周短斜线纹带之间有铭文"内清以昭明，光象日月"。每两字之间夹一"而"字，首尾二字间以"二"作起止标志，字体较方整。素宽缘。

12. 重圈柿蒂纹贴金铜镜

直径 23.8 厘米、缘厚 0.8 厘米。

1978 年合浦县北插盐堆 M1 出土。合浦县博物馆二级藏品。

圆形、凹面圆钮、四叶柿蒂纹钮座。座外两周凸面宽圈纹。两凸宽圈纹之间及其外均残留有部分金箔，可见原纹饰或铭文上均贴金。汉代鎏金或贴金的镜十分罕见。可惜此镜锈蚀严重，贴金大部分脱落，原纹饰或铭文已模糊不清。弦纹缘。

13. 昭明重圈铭带纹铜镜

直径 16.3 厘米、缘厚 0.6 厘米。

1992 年贵港市铁路新村出土。贵港市博物馆二级藏品。

圆形、圆钮、十二孙纹钮座。钮座外两周凸宽圈纹分内外两区。内区两周斜短线纹带之间夹铭文"内而清而以昭而明，光而象夫日一月，心而忽扬忠，然雍塞不"二十四字；外区两周斜短线纹带之间夹的铭文为"洁清白而事君，志□之□明，作玄而泽流，恐疏而日忘，美人外承可兑（说），毋思而□绝而"。素缘。

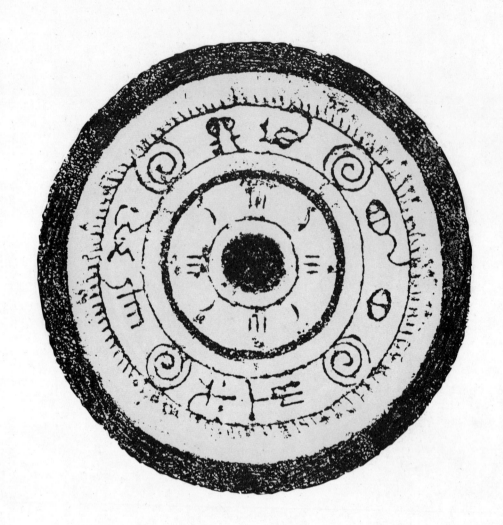

14. 日光圈带铭带纹铜镜

直径 8.4 厘米、缘厚 0.4 厘米。

1984 年合浦县凸鬼岭饲料厂 M201 出土。现藏合浦县博物馆。

圆形、圆钮、圆钮座。座与其外的凸宽圈纹之间有四组三竖短线纹分为四小区，每小区内均填以两短弧线等简单纹饰。外区两短斜线纹带之间夹有铭文"见日之光，长毋相忘"八字，字间填以"⑦"云纹。素宽平缘。

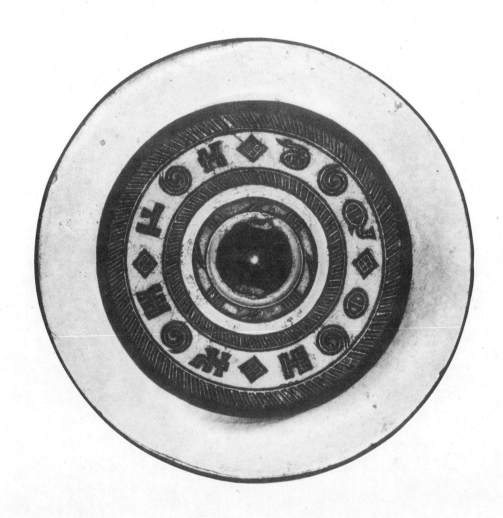

15. 日光圈带铭带纹铜镜

直径 8.09 厘米、缘厚 0.36 厘米。

1982 年柳州市九头山 M1 出土。柳州市博物馆二级藏品。

圆形、圆钮、圆钮座。座外一周凸宽圈纹带，座与凸宽圈纹之间有四组三短线纹分成四小区，每小区的中部填一略呈弧形的斜短线纹。其外两周斜短线纹带之间夹一周铭文"见日之光，天下大明"。每两字之间隔一云纹或斜方格形田字纹。素宽平缘。

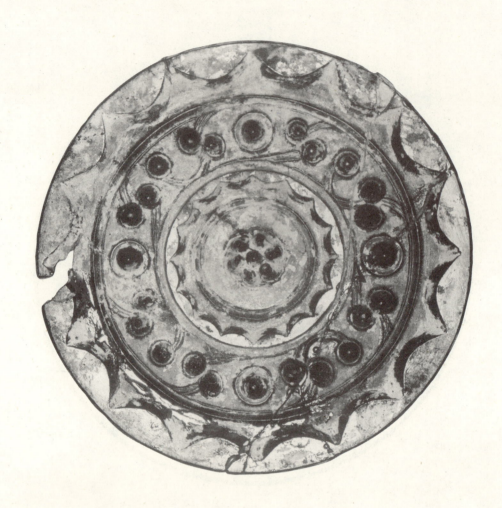

16. 四子二十孙连弧纹铜镜

　　直径 11 厘米、缘厚 0.4 厘米。

　　1984 年合浦县凸鬼岭饲料厂 M201 出土。现藏合浦县博物馆。

　　圆形、子孙纹钮、钮外为一周双线弦纹。其外为内向十六连弧纹带，两周双线弦纹之间为四个带圆座的子纹分成四个区，每区内各有一组三弦纹带缠绕的带圆座的五孙纹。内向十六连弧纹缘。

17. 四子博局禽兽纹铜镜

直径 13.4 厘米、缘厚 0.3 厘米。

1978 年贵港市水电设备厂 M5 出土。贵港市博物馆二级藏品。

圆形、圆钮、四叶纹钮座，座外大小两个双线方框。大方框的四角外各有一带圆座的子纹，四子纹和博局纹将内区分为四方八极，分别配以禽兽等纹饰。其配置是长嘴翘尾回头兽配跪地抓兽尾的兽头羽人；展翅飞雀配卷尾飞鹤；回首飘须的猫头兽配持叉捉尾的猪头羽人；回首奔虎配举首竖耳鹿等。禽兽的姿态十分生动。再外为短斜线纹带一周。双线波折纹缘。

18. 新有八子十二孙博局纹铜镜

直径 23 厘米、缘厚 0.5 厘米。

1988 年钟山县公安镇里太墓群出土。钟山县文物管理所二级藏品。

圆形、圆钮、四叶纹钮座。座外方框内环列带圆座的十二个孙纹间配以"子丑寅卯辰巳午未申酉戌亥"十二地支铭。内区主纹为带连弧纹座的八个子纹与博局纹区分的四方八极内分别饰以龙、虎、鸟及其它奇禽怪兽。外区铭文为"新有善铜出丹阳，湅冶银锡清而明，尚方御□□□□，巧工刻之成文章，左龙右虎掌四彭（方），朱鸟玄武顺阴阳，子孙备具居中央，长保二亲如庆王，千秋万岁乐未央"。其外一周短斜线纹。锯齿纹及流云纹缘。

19. 八子九孙博局禽兽纹铜镜

直径 15.7 厘米、缘厚 0.4 厘米。

1978 年贵港市水电设备厂 M5 出土。贵港市博物馆二级藏品。

圆形、圆钮、柿蒂四叶纹钮座。座外圆圈内带圆座的九孙纹夹以云气纹。圆圈外围以凹面双线方框,方框内四角各一桃形云纹。方框外带八连弧座的八个子纹与博局纹将内区分为四方八极,其间分别配置白虎与长发人面兽、翼兽与独角兽、狮子与翼兽、猫头兽与朱雀。四个 L 纹之上还分别有半蹲猴、卷鼻象、回首禽、云气鸟。禽兽相互顾盼嬉戏,活跃生动,构图有趣。其外短斜线纹一周。锯齿纹和几何形云纹缘。

20. 博局四神纹铜镜

　　直径 10.2 厘米、缘厚 0.3 厘米。

　　1977 年贵港市风流岭 M4 出土。贵港市博物馆二级藏品。

　　圆形、圆钮、圆钮座。座与其外的凹面双线方框之间有三弦短线纹和双线或单线弧纹。框外博局纹间的四方八极内饰线条式青龙、白虎、朱雀、玄武、狗及其他禽兽。其外一周短斜线纹。双线波纹缘。

21. 简化博局凤鸟纹铜镜

直径 11.1 厘米、缘厚 0.4 厘米。

1977 年贵港市风流岭 M2 出土。现藏贵港市博物馆。

圆形、圆钮、圆钮座。座外有方格及四个 T 与 V 纹，缺 L 纹。四区内各饰一同向飞翔的鸟纹。其外为一圈短斜线纹带。双线波折纹缘。

22. 龙凤象猴纹铜镜

直径 11 厘米、缘厚 0.45 厘米。

1956 年贵港市震塘乡 11 号西汉墓出土。广西壮族自治区博物馆一级藏品。

圆形、桥钮、十二孙纹钮座。钮座外一周高凸宽圈，圈外两周短斜线纹带之间的主纹为线条式的龙、凤、象、猴、野猪、小鸟等禽兽环列。动物的种类多，线条粗放，构图简练，形态憨拙。其中大象、猴子是汉镜中较少见到的。素宽平缘。

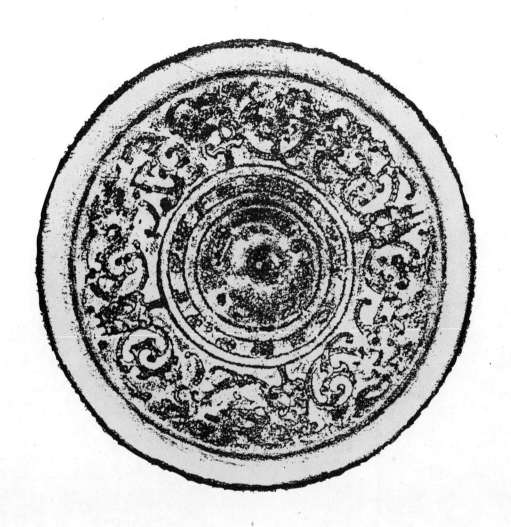

23. 相思四叶蟠螭纹铜镜

直径 10.1 厘米、缘厚 0.5 厘米。

1956 年贵港市粮食仓库东汉 M15 出土。现藏广西壮族自治区博物馆。

圆形、小圆钮、伏螭钮座。座外围以两周双线弦纹圈带，两个弦纹圈带之间为铭文带，铭文篆体，内容是"相思愿毋绝，愁思悲，顾怨，君不说"。圆周外伸出均匀对称的连叠勾卷四叶纹，四叶纹将纹饰分为四区，每区内置一组蟠螭纹，蟠螭头小圆眼尖嘴，身躯蟠旋纠结，曲线流转，细腻繁缛。高卷边素缘。

24．八连弧纹铜镜

　　直径 8.9 厘米、缘厚 0.25 厘米。

　　1965 年临桂县街头岭 M10 出土。广西壮族自治区博物馆二级藏品。

　　圆形、圆钮、圆钮座。座外一周凸宽圈纹和一周内向八连弧纹带，纹带外为凹面圈带纹一周。素宽内斜面缘。

25. 长生宜子连弧纹铜镜

直径 12.5 厘米、缘厚 0.4 厘米。

1980 年梧州市河西淀粉厂出土。梧州市博物馆二级藏品。

圆形、圆钮、柿蒂形四叶纹钮座。钮座的叶纹间各有一字铭，合为"长生宜子"四字。字形长方，笔画多方折，粗细一致。其外突宽圈纹和内向八连弧纹各一周。连弧纹外为凹面圈带纹一周。素宽平缘。

26. 六连弧锯齿纹铜镜

直径 9.5 厘米、缘厚 0.45 厘米。

钟山县文物管理所旧藏。

圆形、圆钮、圆钮座。座外主纹为一圈内向六连弧纹带，其外一周锯齿纹。凸弦纹缘。

27. 长宜子孙连弧纹铜镜

直径 13.5 厘米、缘厚 0.7 厘米。

1972 年梧州市高望出土。梧州市博物馆二级藏品。

圆形、圆钮、柿蒂形四叶纹钮座。四叶间有"长宜子孙"四字铭。其外为一周凸圈宽纹和一周内向八连弧纹带，连弧间有花叶纹和变形山字纹。再外为两周短斜线纹之间有八组云雷纹，云雷纹为圆圈纹与长方形雷纹组成。素宽内斜面缘。

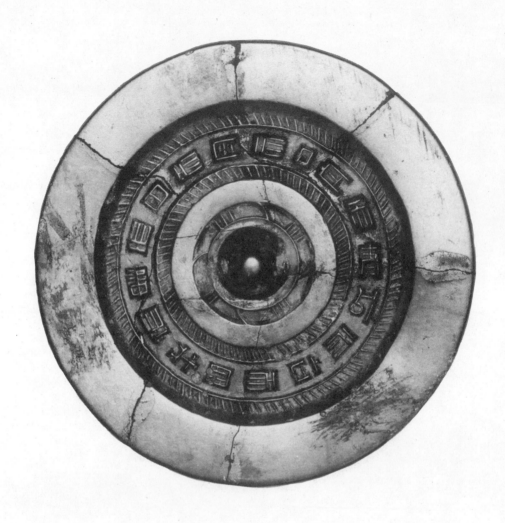

28. 昭明圈带铭带纹铜镜

　　直径 8.8 厘米、缘厚 0.3 厘米。

　　1983 年兴安县石马坪出土。现藏兴安县博物馆。

　　圆形、圆钮、圆钮座。座与其外的凸宽圈纹之间有四组短线纹与四弧线纹相间。凸圈纹外为两周短斜线纹之间夹以铭文"内而清以而昭而明，光而象而日而月而"，"内"字前用"囗"作为文字起止的标志，字体较为方整。素宽平缘。

29. 四子四虺纹铜镜

直径 9.7 厘米、缘厚 0.4 厘米。

1955 年贵港市风流岭 M24 出土。广西壮族自治区博物馆二级藏品。

圆形、圆钮、圆钮座。钮座外有四组竖排三短线纹和四组斜排三短线纹相间环列。其外两周短斜线纹圈带之间为主纹。主纹是四个子纹与四条虺纹相间环绕。子纹带圆座，四虺成钩形躯体，两端同形，在身躯的内外侧各置一只立鸟。素宽平缘。

30. 尚方四子铭带纹铜镜

直径 7.6 厘米、缘厚 0.3 厘米。

1992 年合浦县凸鬼岭汽车齿轮厂 M16A 出土。现藏合浦县博物馆。

圆形、圆拱形钮、圆钮座。钮座外为大方格,方格四边中心点外各有一带圆座的子纹,四子纹的两侧各有一几字形纹,外区铭文为"尚方作竟(镜)真大巧,上有仙人不知老"十四字。其外为一周短斜线纹带。锯齿纹缘。

74

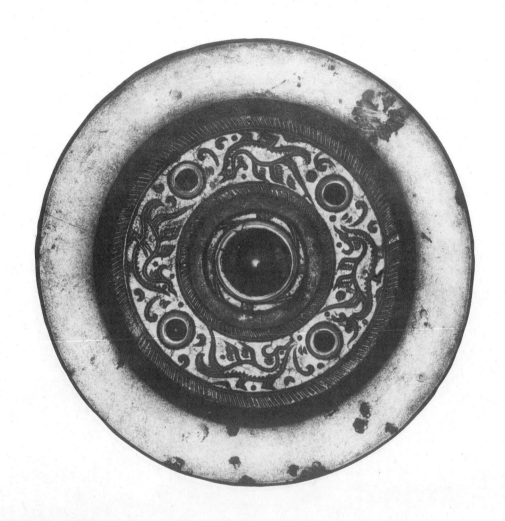

31. 四子四禽纹铜镜

　　直径 12 厘米、缘厚 0.6 厘米。

　　1975 年梧州市河西蝶山出土。梧州市博物馆二级藏品。

　　圆形、圆钮、圆钮座。座与其外的凸宽圈纹之间饰四组三竖短线和四条弧线纹相间环列。其外两周短斜线纹之间为主纹。主纹饰以带圆座的四个子纹将纹饰分为四区，每区为一朱雀。朱雀的嘴下有须，头上有飞羽，背部羽翅舒展，尾羽飞扬，形象生动，别具一格。素宽平缘。

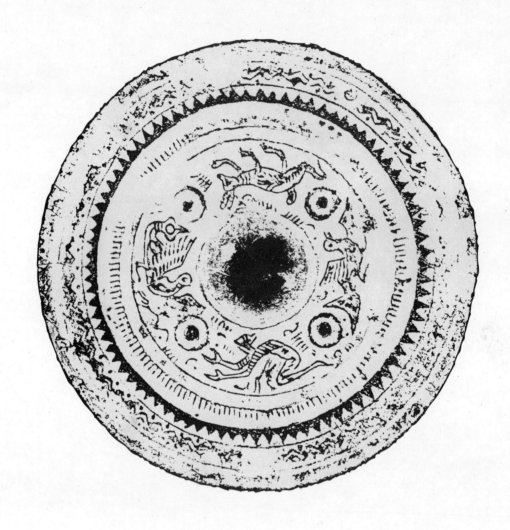

32. 四子羽人禽兽纹铜镜

直径 13.2 厘米、缘厚 0.7 厘米。

1986 年蒙山县文圩镇龙定村追子山汉墓出土。现藏蒙山县文物管理所。

圆形、圆钮、圆钮座。座外以带圆座的四个子纹将纹饰分为四区，每区饰一线条式的人物或禽兽。其中隔钮相对的两区饰一跪地弯腰、双手前伸的羽人与一走兽相对；另两区为展翅飞翔的凤鸟相对。其外一周短斜线纹。锯齿纹与双线波纹缘。

33. 形兴常乐四子纹铜镜

直径 10.2 厘米、缘厚 0.5 厘米。

1977 年合浦县氮肥厂 M1 出土。现藏合浦县博物馆。

圆形、圆钮、圆钮座。座与其外的凸宽圈纹带之间有四组对称排列的三竖短线纹和四组三短斜线纹相间。其外两周短斜线纹带之间的主纹为带圆座的四个子纹及"形兴常乐"四字铭相间环列,每字的两侧各有一禽鸟,二禽夹字相对,双叶冠,覆羽卷尾,双足直立,形态简单。素宽平缘。

34. 四子四兽纹铜镜

　　直径 11.2 厘米、缘厚 0.6 厘米。

　　1984 年兴安县石马坪 M20 出土。现藏兴安县博物馆。

　　圆形、圆钮、圆钮座。主纹为带圆座的四个子纹间饰浮雕四兽纹。兽有龙、虎、怪兽等，大多作奔腾、曲体、回首状，兽旁有简单的云纹。其外一周短斜线纹，两周锯齿纹内缘。素斜边高凸外缘。

78

35．四子龙虎纹铜镜

　　直径 11.6 厘米、缘厚 0.4 厘米。

　　1983 年兴安县溶江石马坪 M4 出土。现藏兴安县博物馆。

　　圆形、圆钮、圆钮座。座与其外的一周凸宽圈纹带之间，有四组三竖短线纹和四条短弧线纹相间。其外两周短斜线纹带之间为主纹饰。主纹为带圆座的四个子纹与二龙二虎纹相间。其中相对的两组为龙纹，另两组为虎纹。龙虎均逆时针走向，分别张嘴向着子纹。双线波纹缘。

36. 四子神兽纹铜镜

直径 16.3 厘米、缘厚 0.5 厘米。

1979 年梧州市扶典工农仓出土。梧州市博物馆二级藏品。

圆形、圆钮、柿蒂四叶纹钮座。钮座及其外的短斜线纹带之间有四组卷草纹。其外为凸宽圈纹带一周。再外两周短斜线纹之间为主纹。主纹以带四叶座的四个子纹将纹饰分为四区，每区各有二神兽，分别是青龙配瑞兽，白虎配鼠，朱雀配凤鸟，玄武配兔。玄武为龟蛇相依，两头相对。锯齿纹和双线波纹缘。

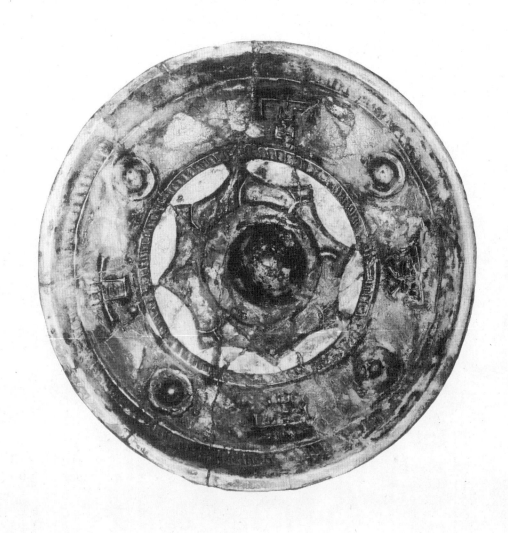

37. 家常贵富四子连弧纹铜镜

直径 6.8 厘米、缘厚 0.2 厘米。

1955 年贵港市火车站 M53 出土。广西壮族自治区博物馆二级藏品。

圆形、圆钮、圆钮座。内区为内向八连弧纹带一周，座与连弧间填以简单的弧线纹。外区两周短斜线纹带之间为带圆座的四个子纹与"家常贵富"四字铭相间环列。素缘。

38. 新有四子简化博局纹铜镜

直径 12.8 厘米、缘厚 0.35 厘米。

1983 年兴安县溶江石马坪 M1 出土。现藏兴安县博物馆。

圆形、圆钮、圆钮座。座外三周方格，内格四角与座间各有一条向外放射的短线纹。内区方格外四角各有一带圆座的子纹，方格外每边中部各有一博局纹中的 T 形纹。T 形纹之外各有线条式禽兽纹，分别为龙、虎、两鸟对峙、长须兽。外区铭文为"辛（新）有善同（铜）出丹阳，□□□竟（镜）青（清）且明，左"十五字，"辛"字前有两点作起读标志。再外为短斜线纹一周。S 形云纹缘。

39．四子简化博局禽兽纹铜镜

直径 12.7 厘米、缘厚 0.45 厘米。

1984 年贵港市铁路新村大路点 M1 出土。贵港市博物馆二级藏品。

圆形、圆钮、圆钮座。钮座与其外的双线方格之间的四内角各有一个三角形填线纹。方格外带圆座的四个子纹及博局纹划分的四方八极内，分别为双鸟、龟蛇、龙、两角兽。再外为双线波纹和短斜线纹各一周。连珠纹和云纹缘。

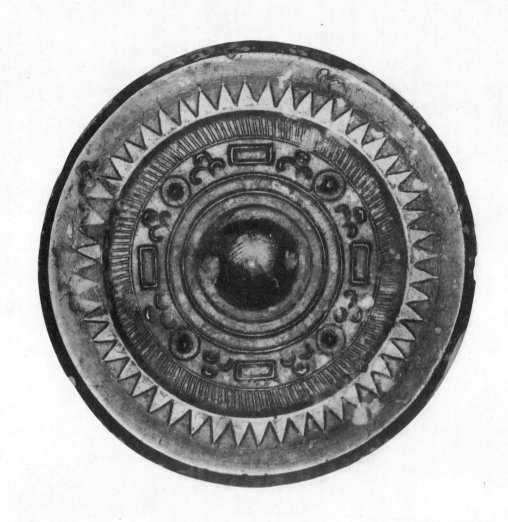

40. 四子简化博局叠云纹铜镜

　　直径 7.4 厘米、缘厚 0.3 厘米。

　　1962 年梧州市河西西兴白后村低山出土。梧州市博物馆二级藏品。

　　圆形、圆钮、圆钮座。座外两周弦纹，弦纹外带圆座的四个子纹分为四区，每区中间一博局纹中 T 形上部简化的长方形格子纹，长方格纹的两端各饰三叠式云纹。其外一圈短斜线纹。锯齿纹内缘、素斜外缘。

41. 五子禽兽纹铜镜

　　直径 12.6 厘米、缘厚 0.4 厘米。

　　1956 年贵港市加工厂东汉 M2 出土。广西壮族自治区博物馆二级藏品。

　　圆形、圆钮、柿蒂四叶纹钮座。钮座外一周凸宽圈纹带，其外两周短斜线纹带之间为主纹。主纹为五个子纹与线条式五禽兽纹相间环列。五个子纹均带圆座，五禽兽分别为禽鸟、龙虎和独角、大肚等怪兽。缘中部双线波纹一圈，素外缘。

42. 五子五龙纹铜镜

直径 16.3 厘米、缘厚 0.7 厘米。

1965 年梧州市河西松山出土。现藏梧州市博物馆。

圆形、圆钮、圆钮座。座外一周短斜线纹和一周三竖短线珠式纹。主纹为带圆座的五个子纹间饰以浮雕式的五条龙纹。龙的形态大同小异，基本都是龙身向前屈曲，昂首卷尾，身上有圆圈纹和短线纹等。龙的周围空白处填以不规则的简单云纹。其外一周连珠纹和一周短斜线纹。缘部为锯齿纹和卷叶纹，素窄外缘。

43．五子禽鸟纹铜镜

　　直径 9.9 厘米、缘厚 0.5 厘米。

　　1983 年兴安县石马坪出土。兴安县博物馆二级藏品。

　　圆形、圆钮、圆钮座。座外带圆座的五个子纹与五禽相间环列。五小禽的位置不一，其中四禽顺时针而列，一禽逆时针相向。其外一周短斜线纹带。锯齿纹和弦纹内缘，斜边素外缘。

44．六子禽兽纹铜镜

直径 10.7 厘米、缘厚 0.4 厘米。

1976 年梧州市富民纸箱厂出土。梧州市博物馆二级藏品。

圆形、圆钮、柿蒂四叶纹钮座。四叶间各有一短线分隔，座外一周斜面凸圈纹带。其外两周短斜线纹之间为主纹。主纹由带圆座的六个子纹与羽人和五禽兽相间环列。五禽兽分别为鹤、凤、牛、龙、羊。锯齿纹和双线波纹缘。

45. 六子神兽纹铜镜

直径 12.7 厘米、缘厚 0.35 厘米。

1982 年梧州市大塘鹤头山出土。梧州市博物馆二级藏品。

圆形、圆钮、圆钮座。座及其外的弦纹之间有四组三短线纹间饰以四组双弧线纹。其外两周短斜线纹之间为主纹。主纹由带圆座的六个子纹间饰以六神兽组成。六神兽为青龙、白虎、朱雀、云鸟、玄武、白鹤。六神兽的形象生动，主题突出。连珠纹和朱雀卷草纹缘。

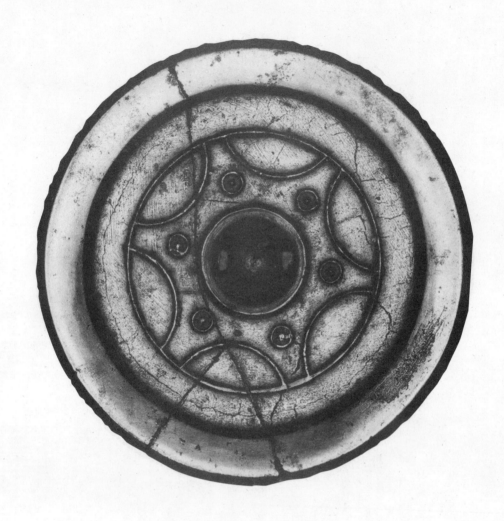

46.六子连弧纹铜镜

　　直径9.4厘米、缘厚0.3厘米。

　　1983年灌阳县黄关镇兴秀村出土。现藏灌阳县文物管理所。

　　圆形、圆钮、圆钮座。座外以一周弦纹将镜背分为内外两区，内区饰一圈线条式内向六连弧纹，连弧之间各有一带圆座的子纹，共有六个子纹。外区素地无纹。素卜缘。

47.李氏六子禽兽纹铜镜

　　直径 18 厘米、缘厚 0.8 厘米。

　　1978 年贵港市二七三地质队 M1 出土。现藏贵港市博物馆。

　　圆形、圆钮、圆钮座。座外二虎对峙。其外一周卵形与短线纹相间。主纹为带四叶座的六个子纹和禽兽纹。六组纹饰为四组瑞兽，一组朱雀，一组羽人。兽的头部夸张，其中出现少有的虺纹。尤其是羽人单腿跪地、弯腰从炉中取丸的图纹在其他镜中极少见到。外区铭文为"李氏作竟（镜）四夷服，多贺国家人民息，胡虏殄灭天下服，风雨时节五谷熟，长保二亲得天力"。蟠螭形尾的禽兽纹缘。

48. 六子六蟹纹铜镜

直径 11 厘米、缘厚 0.5 厘米。

1986 年兴安县湘漓乡出土。现藏兴安县博物馆。

圆形、圆钮、圆钮座。钮座外一周凸宽圈纹与一周短斜线纹带之间为主纹。主纹为带圆座的六个子纹与六蟹纹相间环列。素宽内斜面缘。

92

49. 吕氏六子六鸟纹铜镜

直径 11.7 厘米、缘厚 0.3 厘米。

1976 年钟山县公安镇里太墓群出土。现藏钟山县文物管理所。

圆形、圆钮、圆钮座。钮座外一周凸宽圈纹和三重弦纹圈带。弦纹圈带将镜背分为内外区。内区为带圆座的六个子纹与六只禽鸟纹相间，六禽鸟均逆时针同向环列，举首覆羽，双足行走状。每个禽的前后均有简单的卷草和短线纹。外区一圈铭文为"吕氏作竟（镜）真大巧，上有仙人不"十二字。铭文外为一周短斜线纹带。锯齿纹和双线三角纹缘。

50．尚方六子六孙禽鸟纹铜镜

　　直径 13.3 厘米、缘厚 0.7 厘米。

　　1978 年合浦县罐头厂墓出土。现藏合浦县博物馆。

　　圆形、子孙纹钮、圆钮座。座外六个带圆座的孙纹与简单的涡纹相间环绕。其外一周
三竖短线纹与榄形四横短线纹相间而列，主纹为六个带圆座的子纹与六对线条式鸟纹相间
环列。鸟为两两举首相对，两鸟嘴相接，若亲吻状。再外一周铭文为"尚方作竟（镜）真
大巧，上有仙人不知老，渴饮玉泉饥食□，□□天下□四海兮"二十九字。铭文带外短斜
线纹一周。两周锯齿纹夹一周双线波纹内缘，素窄外缘。

94

51. 元和三年七子瑞兽纹铜镜

直径 18.8 厘米、缘厚 0.7 厘米。

1958 年梧州市旺步 M2 出土。广西壮族自治区博物馆二级藏品。

圆形、圆钮、圆钮座。内区残后修复，原有浮雕式兽纹环列。中区主纹为带四叶座的七个子纹间饰以浮雕式七瑞兽。外区铭文为"元和三年，天下太平，风雨时节，百□□□，□□□□，□□□□，尚方造竟（镜），在于民间，有此竟（镜）延寿未央兮"四十字。按"元和"为东汉章帝刘炟的年号，三年即公元 78 年。铭文外为短斜线纹带一周。锯齿纹和禽兽纹缘。

52.张氏七子神兽纹铜镜

　　直径 18.4 厘米、缘厚 0.6 厘米。

　　1980 年梧州市制药厂后山出土。现藏梧州市博物馆。

　　圆形、圆钮、圆钮座。座外短斜线纹圈内有两条浮雕式青龙环绕，龙口喷水，龙背生翼。中区内主纹为带圆座的七个子纹间饰以浮雕式神兽，分别有鹿、朱雀、蟾蜍、飞龙等七兽。外区铭文为"张氏作竟（镜）大毋伤，长保二亲乐未央，八子八孙启高堂，多吏宜王"。铭文中有四点纹作起句标志。其外为短斜线纹带一周。弦纹和浮雕兽纹缘。

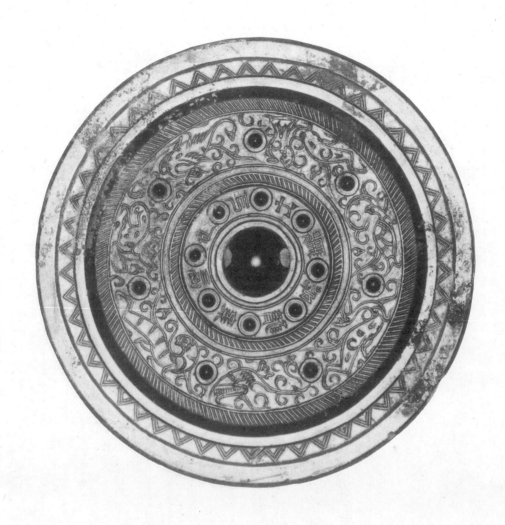

53.大驾登龙七子八孙纹铜镜

直径 16.2 厘米、缘厚 0.4 厘米。

1976 年梧州市钱鉴路九中出土。梧州市博物馆二级藏品。

圆形、圆钮、圆钮座。钮座外二周弦纹。弦纹外为带圆座的八个孙纹与八字铭相间而置，连续为"大驾登龙亲浮□上"。其外两周短斜线纹之间为主纹。主纹为带圆座的七个子纹间饰以线条式虎、朱雀、玄武、羽人、兕以及独角、花头等怪兽。缘部双线波形纹圈带一周，窄素外缘。

54.七子九孙禽兽纹铜镜

直径 16.2 厘米、缘厚 0.45 厘米。

1984 年贵港市铁路新村 M2 出土。现藏贵港市博物馆。

圆形、圆钮、圆钮座。座与其外的凸宽圈纹之间带圆座的九个孙纹间饰以两叶一苞纹和短斜线纹。其外两周短斜线纹之间为主纹。主纹为带连弧纹座的七个子纹与线条式七禽兽纹相间环列。禽兽主要有禽鸟、狮子、蛇以及方脸大眼、双角大眼、长卷独角等怪兽。锯齿纹和云气纹缘。

55. 吕氏七子九孙禽兽纹铜镜

直径 15.2 厘米、缘厚 0.5 厘米。

1958 年贵港市淀粉厂 M1 出土。现藏广西壮族自治区博物馆。

圆形、圆钮、圆钮座。座外围以带圆座的九个孙纹间饰以云气纹及反书"宜子孙"三字铭。其外一周凸宽圈纹带。中区主纹为七个带圆座的子纹，子纹间配置线条式的青龙、白虎、羽人、禽鸟以及形态各异的瑞兽。外区铭文为"吕氏作竟（镜）自有纪，上大山人不□□，渴饮玉泉百年兮"。开始和结尾处有四点纹作标志。铭文外一周短斜线纹带。两周锯齿纹夹一周双线波纹缘。

56.七子九孙禽鸟纹铜镜

　　直径 11.5 厘米、缘厚 0.45 厘米。

　　1976 年贺州市铺门河东出土。现藏贺州市博物馆。

　　圆形、圆钮、圆钮座。钮座外一周带圆座的九个孙纹间饰以简单的云纹和一周三短竖线间饰以叠错式四短线纹。其外主纹为带圆座的七个子纹与线条式七鸟纹相间环列。七鸟中除一鸟展翅回首外，其余六鸟均为覆羽举首、两两隔子纹相对。鸟的周围填以简单的圆钩云纹。再外为一周短斜线纹带。锯齿纹和双线波纹缘。

100

57. 尚方七子九孙禽兽纹铜镜

　　直径 18 厘米、缘厚 0.6 厘米。

　　1978 年贵港市木材加工厂 M1 出土。现藏贵港市博物馆。

　　圆形、圆钮、圆钮座。座外带圆座的九个孙纹间饰以云纹。两周凸圈纹带之间为勾连
S 云纹，其外为带连弧纹座的七个子纹间饰以青龙、白虎、朱雀等禽兽纹。外区铭文为
"尚方作竟（镜）真大巧，上有仙人不知老，渴饮玉泉饥食枣，浮由（游）天下敖（遨）
四海，寿如金石"。外一周短斜线纹。锯齿纹及云气纹缘。

58.尚方八子八禽纹铜镜

　　直径 12 厘米、缘厚 0.5 厘米。

　　1978 年梧州市旺步水厂出土。现藏梧州市博物馆。

　　圆形、圆钮、圆钮座。座外一圈卷云纹带。主纹区为带圆座的八个子纹与八鸟相间环列。八鸟均举首覆羽站立,隔子纹两两相对。鸟与子纹间填以简单的短线纹。其外一周铭文为"尚方作竟(镜)大毋伤,巧工刻之成文章,左□□辟不羊(祥)末"二十一字。铭文外一周短斜线纹。锯齿纹及双线波纹内缘,素窄外缘。

59．尚方八子博局四神纹铜镜

直径 14.7 厘米、缘厚 0.35 厘米。

1973 年兴安县石马坪征集。现藏兴安县博物馆。

圆形、圆钮、四叶纹钮座。座外一单线方格与一凹面双线方格之间夹以十二组椭形排列的四短线纹（每边三组）。双线方格外为带圆座的八个子纹（每边两个）、博局纹。四方八区纹饰的配置是青龙配凤鸟，朱雀配独角兽，白虎配独角兽，玄武配羽人。外区铭文一周，可识者有"尚方作竟（镜）真大好，上有仙人不知老，渴饮玉泉饥食枣兮"二十二字。边缘纹饰为二周锯齿纹夹双线波纹。

60. 八子博局禽鸟纹铜镜

直径 11.2 厘米、缘厚 0.3 厘米。

1973 年梧州市出土。梧州市博物馆二级藏品。

圆形、圆钮、柿蒂四叶纹钮座。钮座外为凹面双线方格纹，方格外八个圆座子纹及博局纹将镜背分为四方八极，各区配置一禽鸟，每一方两区内的禽鸟相背而立，隔 V 纹两两相对，T 和 L 纹之间为榄形四横短线纹。其外为短斜线纹带一圈。两周锯齿纹夹一周双线波纹缘。

61. 尚方八子博局八禽纹铜镜

直径 12.5 厘米、缘厚 0.45 厘米。

1975 年贵港市火车站 M1 出土。广西壮族自治区博物馆二级藏品。

圆形、圆钮、四叶纹钮座。座外凹面双线方格外带圆座的八个子纹及博局纹将镜背分为四方八极。每个极区内配一禽鸟。每方两区内禽鸟相背而立，隔 V 纹两两相对。T 与 L 两纹间有两竖两横短线纹。外区铭文为"尚方作镜真大巧，上有仙人不知老，渴饮石泉兮"。铭带外一周短斜线纹。两周锯齿纹夹一周双线波纹缘。

62. 王氏八子博局四神纹铜镜

　　直径 14.3 厘米、缘厚 0.45 厘米。

　　1955 年贵港市火车站 M34 出土。广西壮族自治区博物馆二级藏品。

　　圆形、圆钮、圆钮座。座与其外的凹面双线方格内有四叶形纹与四角相对，叶与叶之间有三竖短线纹。方格外带圆座的八个子纹与博局纹将镜背分为四方八极，每极区内配一线条式神兽，分别有青龙、白虎、朱雀、玄武及四禽兽。外区铭文为"□□作竟（镜）真大好，上有仙人不知老，王氏饮玉泉饥食枣"二十二字。其外一周短斜线纹。两周锯齿纹夹一周双线波纹缘。

63.八子简化博局四兽纹铜镜

直径 11.8 厘米、缘厚 0.4 厘米。

1978 年梧州市旺步水厂出土。梧州市博物馆二级藏品。

圆形、圆钮、圆钮座。座外有凹面双线方格纹，格内四角各有一云纹。方格外带圆座的八个子纹与博局纹中的 T、V 纹将镜背分为四区，每区配一线条式兽纹，分别是龙、兔、虎、羊四兽。其外为一周短斜线纹。连续云气纹缘。

64. 长宜八子八孙博局纹铜镜

直径 15.9 厘米、缘厚 0.55 厘米。

1973 年兴安县石马坪出土。兴安县博物馆二级藏品。

圆形、圆钮、圆钮座。钮座与双线方框间为一圈带圆座的八个孙纹间饰以带圆钩云纹的三角填线纹和"长宜子孙"铭文，圈与框的四角有对向云纹。双线方框内有"大有佳镜真独好，上有仙人不知老，门节礼泉饥时"二十字铭。方框外的博局纹间为线条式的青龙、白虎、朱雀等八兽及八个带圆座的子纹。最外为一周短斜线纹带。两圈锯齿纹夹一圈双线波纹缘。

108

65. 新有八子八孙博局纹铜镜

直径 16.8 厘米、缘厚 0.5 厘米。

1956 年贵港市葫芦岭 M5 出土。广西壮族自治区博物馆二级藏品。

圆形、圆钮、圆钮座。钮座与方框间饰以一圈八个带圆座的孙纹、云纹及三角填线纹，内框四角有双线括号形纹。方框外的博局纹间为带四叶座的八个子纹、线条式的青龙、白虎、朱雀、玄武及四兽等。其外为圈带铭文"新有善铜出丹阳，和以银锡清而明，左龙右虎主四彭，八子九孙治中央"二十八字。再外为短斜线纹一周。锯齿纹和云气纹缘。

66. 汉有八子九孙博局纹铜镜

直径 18.4 厘米、缘厚 0.4 厘米。

1982 年贵港市铁路新村 M10 出土。贵港市博物馆二级藏品。

圆形、圆钮、圆钮座。座与其外的凹面双线方框之间有内切的双线弦纹圈，圈内带圆座的九个孙纹与云纹相间环列，圈外与方框四内角之间分别有简单的云纹。方框外博局纹间为带圆座的八个子纹和线条式的白虎、朱雀、玄武及五禽兽纹等。外区铭文为"汉有善铜出丹阳，和已（以）银锡青（清）且明，左龙右虎主三（四）□，八子九孙治中央，千秋万世"。再外一周短斜线纹。锯齿纹和云气纹缘。

67. 八子十二孙博局纹铜镜

直径 16 厘米、缘厚 0.45 厘米。

1955 年贵港市高中部 M9 出土。广西壮族自治区博物馆二级藏品。

圆形、圆钮、圆钮座。座外弦纹方框及凹面双线方框各一个，其间折绕带圆座的十二个孙纹，十二孙纹间填以云纹及三角填线纹。凹面方框外带圆座的八个子纹及博局纹划分的四方八区内，分别配置线条式的青龙及兽、独角兽及兽、白虎及玄武、朱雀及凤鸟。其外一周短斜线纹带。锯齿纹和云气纹缘。

68. 八子十二孙博局纹铜镜

　　直径 16.4 厘米、缘厚 0.45 厘米。

　　1986 年贵港市机耕队出土。现藏贵港市博物馆。

　　圆形、圆钮、圆钮座。座外为单弦方框和凹面双弦方框各一个。单弦方框四内角有简单的云纹，单线方框与双线方框之间为带圆座的十二个孙纹间饰以"子、丑、寅、卯、辰、巳、午、未、申、酉、戌、亥"十二地支铭文。双线方框外博局纹间为带圆座的八个子纹和线条式朱雀、玄武及各种瑞兽。其外一周短斜线纹。锯齿纹和云气纹缘。

112

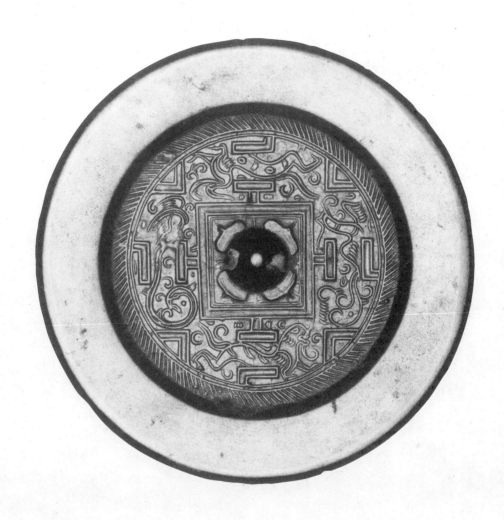

69. 博局四神纹铜镜

　　直径 11.6 厘米、缘厚 0.4 厘米。

　　1978 年钟山县英家墓群出土。钟山县文物管理所二级藏品。

　　圆形、圆钮、四叶钮座。四叶间各有一短线分界。座外一单弦方格和一双线凹面方格，格外博局纹划分的四方内饰以线条式青龙、白虎、朱雀、玄武四神纹。其外为短斜线纹带一圈。宽大素缘。

70. 博局禽鸟纹铜镜

    直径 10.3 厘米、缘厚 0.3 厘米。

    1956 年贵港市新牛岭 M8 出土。现藏广西壮族自治区博物馆。

    圆形、圆钮、圆钮座。座与其外的凹面双线方格之间有四叶纹和四组三弦短线纹相间绕钮。方格外博局纹间饰以线条式禽鸟纹。禽鸟有的覆羽行走，有的展翅飞翔。其中除两禽隔 V 纹相对外，其余各禽均顺时针走向。其外一周短斜线纹。素宽平缘。

114

71. 中国大宁博局纹鎏金铜镜

　　直径 18.4 厘米、缘厚 0.45 厘米。

　　1958 年梧州市低山 M2 出土。广西壮族自治区博物馆二级藏品。

　　圆形、圆钮、四大叶夹四小叶纹钮座。座外二道弦纹圈将纹饰分为内、中、外三区。内区为凹面双线方格纹及四个 T 形纹，T 形纹两侧各饰一线条式禽兽纹。中区一圈铭文为"视容正己镜□□，得气五行有□纪，□□公于终须始，中国大宁宜孙子"。外区以四个 L 纹和四个 V 纹分为八小区，每小区配一线条式神兽纹分别是青龙、兽、朱雀、凤鸟、象、白虎、大肚兽、玄武。其外为带圆点双线波纹带和短斜线纹带各一周。带点双折线纹缘。

72. 上大山简化博局纹铜镜

直径 13.1 厘米、缘厚 0.35 厘米。

1955 年贵港市风流岭 M26 出土。广西壮族自治区博物馆二级藏品。

圆形、圆钮、四叶纹钮座。钮座外凹面双线方格,方格外 T、V 简化博局纹将纹饰分为四方。在 T 纹之外和两 V 纹之间分别有线条式龙纹和虎纹。龙与龙、虎与虎两两隔钮相背向,均逆时针走向。龙为双角长嘴,嘴下有须;虎为头颈粗,身躯小。外区铭文为"上大山,见神人,食玉英,饮口泉,驾交(蛟)龙,乘浮云,□子"二十字。铭文带外一周短斜线纹。两周锯齿纹夹一周连珠纹缘。

73. 简化博局四禽纹铜镜

直径 7.5 厘米、缘厚 0.3 厘米。

1975 年合浦县炮竹厂 M2 出土。现藏合浦县博物馆。

圆形、圆钮、圆钮座。钮座外凹面双线方框，方框外"T、L、V"三种常见的博局纹符号已全部简化掉，在方框的四边外侧各饰一线条式禽鸟。禽鸟为张嘴、长颈、椭圆身、小羽翅、无尾羽，身上填以短线，形体既像雏鸟又像鹭，十分罕见。其外一周短线纹。锯齿纹缘。

74. 昭明连弧铭带纹铜镜

直径 10.5 厘米、缘厚 0.4 厘米。

1955 年贵港市风流岭 M20 出土。广西壮族自治区博物馆二级藏品。

圆形、圆钮、圆钮座。座外一周凸宽圈纹及一周内向八连弧纹，座与圈之间有四组三竖短线和四条竖短线相间环列；圈与连弧之间的八个角有简单的四组一横三竖线纹与四组一横一竖短线纹相间。其外两周短斜线纹之间有铭文"内而清而以昭而明光而象夫日而月心忽而不泄乎"，字体比较方正。素宽平缘。

118

75.昭明连弧铭带纹铜镜

直径 7.97 厘米、缘厚 0.38 厘米。

1983 年柳州市九头山 M2 出土。现藏柳州市博物馆。

圆形、圆钮、圆钮座。座外一周内向十二连弧纹带,座与连弧纹带之间有简单的三短线纹和短弧线纹。其外两周短斜线纹带之间的铭文为"内而清而以而昭而明而光而日而月而"十六字,字形凸方。素宽缘。

76. 变形四叶兽首纹铜镜

直径 16 厘米、缘厚 0.4 厘米。

1980 年梧州市富民坊出土。梧州市博物馆二级藏品。

圆形、圆钮、钮上有云龙纹，圆钮座。座外围以蝙蝠形四叶纹，四叶内各饰一兽首纹。兽首为正视形，立眉圆眼，长鼻梁，额上飘毛发，口下有须。四叶间亦配有兽首纹各一，兽首呈虎形，面为正视，眉、眼、鼻等形象与叶内的兽首相近，但显得浑圆，头上两边毛发飘卷，脸周有卷云状络腮胡。外区为连续缠枝花草纹和二十三个内向连弧纹带各一周。菱形纹夹卷叶纹缘。

120

77. 长宜高官变形四叶凤纹铜镜

　　直径 11.5 厘米、缘厚 0.2 厘米。

　　1978 年昭平县北陀风清 M2 出土。广西壮族自治区博物馆二级藏品。

　　圆形、五瓣纹圆钮、圆钮座。座外弧纹四边形四委角连接呈蝙蝠状的四叶纹，四叶内各有一字铭，合为"长宜高官"。四叶间各有一组图案化的对凤纹。内向十八连弧纹缘，在圆弧中每隔四个或三个圆弧各有二字铭文，铭文不清。

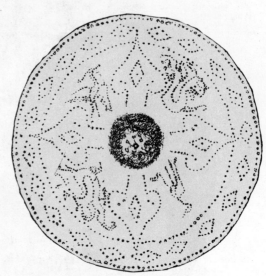

78. 变形四叶龙纹银盖铜镜

直径 15.5 厘米、缘厚 0.4 厘米。

1965 年贵港市深钉岭东汉 M1 出土。广西壮族自治区博物馆二级藏品。

圆形、圆钮、圆钮座。以钮为中心，向外伸出十字形端部均右折旋成"卍"字纹，将镜背分为四区，每区饰一同形龙纹。龙为短方嘴、高圆鼻、圆突眼、双直角，身躯向上作 C 形蟠曲，扬首翘尾，呈奔腾游动状。素宽平缘。

镜盖为银质薄片制成，器形和大小与铜镜一致，盖缘厚 0.02 厘米。钮外饰对称式锥刺（或称点线式）四叶纹与龙凤纹相间环列。菱形纹缘。

79．变形四叶四凤纹铜镜

直径 12.3 厘米、缘厚 0.3 厘米。

1976 年钟山县公安镇里太墓群出土。钟山县文物管理所二级藏品。

圆形、圆钮、圆钮座。钮座外对称十字形方向放射出四枝两瓣一苞式叶纹将纹饰分为四区，每区饰一凤鸟。四凤鸟的形态基本相同，均为尖嘴、圆头、大眼，身躯作椭圆形曲转。其外为内向十二连弧纹带。素宽缘。

80. 变形四叶四龙纹铜镜

　　直径 14 厘米、缘厚 0.4 厘米。

　　1983 年桂林文物商店拨交。现藏桂林博物馆。

　　圆形、圆钮、圆钮座。钮座外十字形方向放射出四箭式叶纹，叶纹将镜背等分成四区，在四区内各饰一龙纹。四龙的形态基本相同，曲颈回首至尾部，头上双角，张嘴露齿，伸肢卷尾。其外为短斜线纹一圈。素宽平缘。

124

81. 简式四叶夔龙纹铜镜

直径 13.3 厘米、缘厚 0.3 厘米。

1991 年贵港市三圣岭 M4 出土。贵港市博物馆二级藏品。

圆形、圆钮、柿蒂纹钮座。以钮为轴心纵横十字形双线夹交叉纹放射出简化四叶纹，将镜背分为四区，每区饰一条夔龙纹。四龙的形态相同，均一首一身，腹外背内，身躯由外向内弯卷略呈 C 形，夔首顺时针朝向，卷尾与柿蒂纹相连，双长角，圆眼，张口吐舌，腹有三足，其外宽凸圈纹和短斜线纹各一圈。素宽平缘。

82. 吾作六子神人禽兽纹铜镜

直径 11.6 厘米、缘厚 0.25 厘米。

1978 年兴安县界首城东出土。兴安县博物馆二级藏品。

圆形、圆钮、圆钮座。内区以连珠纹座凹面环状六子纹等分为六小区，每小区内各饰浮雕式神人或一瑞兽，人兽相间排列。外区有凸起的半圆和方枚相间环列，每个方枚中均有一字，合为"吾作明镜，幽涑三商，其师命长"十二字铭。其外为斜面短斜线纹高圈。边缘铭文为"吾作明竟（镜），幽涑三商，天王日月，上□东王父，西王母，山之子，高志□子，用者大吉，生如金石，位至三公，长乐未央，□□臣道，周□无□，象羊主阳，其师命长，宜子孙"。云雷纹缘。

83. 吾作八子神人禽兽纹铜镜

直径 12.7 厘米、缘厚 0.35 厘米。

1989 年兴安县界首城东出土。兴安县博物馆二级藏品。

圆形、圆钮、圆钮座。内区以连珠纹座凹面环状八个子纹等分为八区，每区内各饰一神人或一瑞兽，神人与兽相间排列。外区有凸起的半圆和方枚相间环列，每个方枚中有四字"吾作明竟（镜）"、"幽涑三商"、"周示（得）无极"、"位至三公"、"及甫西王"、"仙人王女"、"用者吉羊（祥）"。飞兽纹和云纹缘。

84. 位至三公直行铭夔纹铜镜

　直径 11.4 厘米、缘厚 0.3 厘米。

1978 年昭平县北陀风清 M2 出土。广西壮族自治区博物馆二级藏品。

圆形、圆钮、圆钮座。钮座的上下各有两条平行竖线，两线之间上有"位至"下有"三公"四字铭文。钮两侧各有一夔龙纹，夔为二头一身，身躯作 S 形卷曲，头若龙头状，两细长角。其外为两周弦纹和连珠纹及短斜线纹带各一圈。素宽平缘。

128

85. 长宜子孙四瓣石榴纹铜镜

　　直径 8.9 厘米、缘厚 0.3 厘米。

　　1969 年贵港市火车站东北出土。广西壮族自治区博物馆二级藏品。

　　圆形、圆钮、圆钮座。座的外沿四边向外伸出四瓣形线条式有两边线向外翻卷的图案化石榴形纹，每个石榴纹中心有四圆点籽（寓意子孙）纹。每两石榴纹之间各有一篆体字铭，合为"长宜子孙"四字。其外弦纹一周。素宽平缘。

86. 张氏盘龙纹铜镜

直径 10.5 厘米、缘厚 0.6 厘米。

1969 年贵港市火车站出土。广西壮族自治区博物馆二级藏品。

圆形、圆钮、圆钮座。钮座压在龙的身躯上。龙为圆雕手法，粗角突眼，张口露牙，曲颈盘身，四肢作奔驰状，尾部弯卷上扬。外区铭文为"张氏作竟（镜）大毋极，长保二亲乐未央"十四字。其外一周为短斜线纹带。锯齿纹和波浪纹缘。

87. 盘龙纹铜镜

直径 8.9 厘米、缘厚 0.5 厘米。

1965 年梧州市出土。现藏梧州市博物馆。

圆形、圆钮、圆钮座。座外两弦纹圈之间为主纹。主纹为一线条式的龙纹，钮座压在龙颈下的部分身躯上，外露的龙身绕钮盘曲，后肢向后弯曲，龙尾长而翻卷。龙体旁填以简单的云纹。其外一周为短斜线纹带。锯齿纹和波浪纹缘。

88．朱氏龙虎对峙纹铜镜

　　直径 13.3 厘米、缘厚 0.9 厘米。

　　1979 年梧州市河西松山出土。梧州市博物馆二级藏品。

　　圆形、圆钮、圆钮座。座外浮雕二龙、一虎、一马、二鸟、一凤绕钮环列。龙的部分身躯压在钮下。二龙首均逆时针朝向，双角、圆突眼、高鼻，部分躯体、肢爪、尾部外露，龙身鳞片突出。前一龙与虎对峙。龙虎尾间为马、鸟、凤纹装饰。外区一圈铭文为"朱氏作竟（镜）四夷服，多贺国家人民息，胡虏殄灭天下复，风雨时节五谷熟，长保二亲得天力，传告后世乐无极"。其外一周为短斜线纹。二周锯齿纹夹一周双线波纹缘。

89．龙虎对峙纹铜镜

　　直径 10.4 厘米、缘厚 0.55 厘米。

　　兴安县出土。现藏桂林市文物工作队。

　　圆形、圆钮、圆钮座。座外高浮雕式龙虎夹钮对峙，右龙左虎。龙为昂首、曲身，部分身躯压在钮座下，独角、张口吐舌，龙身鳞片突出；虎为大圆突眼、张嘴露牙、弓身、曲转尾。龙虎尾间一鸟纹，纹饰清晰精美。其外一周为短斜线纹带。锯齿纹内缘、素斜边外高缘。

90．龙虎对峙纹铜镜

　　直径 10 厘米、缘厚 0.6 厘米。

　　1978 年贵港市二七三地质队 M1 出土。贵港市博物馆二级藏品。

　　圆形、圆钮、圆钮座。座外高浮雕式的左龙右虎夹钮对峙，龙的身躯部分压在钮座下。龙为独角，张口露牙，身躯弯曲；虎为昂首拱腰，圆眼张嘴。龙与虎的尾间有一禽鸟。其外一周为短斜线纹带。锯齿纹内缘、素外缘。

134

91. 龙虎对峙纹铜镜

直径 10.4 厘米、缘厚 0.8 厘米。

1976 年钟山县公安镇里太 M4 出土。现藏钟山县文物管理所。

圆形、圆钮、圆钮座。座外左龙右虎夹钮对峙，龙虎均浮雕式。龙为张嘴凸眼，头上有角，曲身转体，部分身躯压在钮下；虎为张口吐舌，两眼圆突，拱背匍匐状。龙虎尾部有一浮雕式走兽。其外一周为短斜线纹。锯齿纹和双线波纹缘。

92. 龙虎夺珠纹铜镜

   直径 10.6 厘米、缘厚 0.6 厘米。

   1978 年昭平县北陀风清 M7 出土。广西壮族自治区博物馆二级藏品。

   圆形、圆钮、圆钮座。座外一圈为主纹。主纹内饰以浮雕式龙虎。左龙右虎夹钮相对。龙虎头间一火珠纹，若夺珠状，龙的部分身躯压在钮下，龙虎尾部一飞禽。其外一周为短斜线纹。锯齿纹和双线波浪纹缘。

136

93. 青盖龙虎对峙纹铜镜

　　直径 14.2 厘米、缘厚 0.8 厘米。

　　1976 年钟山县公安镇里太 M3 出土。现藏钟山县文物管理所。

　　圆形、圆钮、圆钮座。座外一圈以七组三竖短线分为七格，每格内填以"一二一"短线纹。内区主纹为浮雕式龙虎夹钮对峙，龙虎均张牙吐舌，龙虎尾部有一龙一龟纹等。外区铭文为"青盖作竟（镜）真大巧，上有仙人不知老，渴饮玉泉饥食枣，浮油名山采之草，长保二亲□之保"。其外一周为短斜线纹。两圈锯齿纹夹一圈双线波纹缘。

94.二龙夺珠纹铜镜

直径 11.4 厘米、缘厚 0.6 厘米。

1976 年钟山县里太墓群出土。钟山县文物管理所二级藏品。

圆形、圆钮、圆钮座。座外浮雕粗线条式二龙,绕钮环列。左一龙背外腹内,头为顺时针朝向;右一龙背内腹外,头为逆时针朝向,与左龙相对。二龙头间有一圆圈带"平"字形符号的珠,二龙若夺珠状。两龙均有角,突眼,张牙吐舌,形象生动。其外一周为短斜线纹带。单线锯齿纹和双线波浪纹缘。

138

95. 龙虎对峙禽鸟纹铜镜

直径 10.4 厘米、缘厚 0.4 厘米。

1966 年贵港市高中水利工地出土。广西壮族自治区博物馆二级藏品。

圆形、圆钮、圆钮座。钮座外浅浮雕式龙虎对峙纹，龙虎的部分身躯压在钮下。龙为张嘴露牙，口喷翻卷的云气柱；虎为双圆眼，嘴两边须毛横飞。钮下龙虎尾部有三鸟。左一鸟长尾覆羽站立，回首顾盼；右两鸟一大一小，相对互视。其外一周为短斜线纹带。素宽内斜面缘。

96. 吕氏三龙一虎纹铜镜

直径 12.8 厘米、缘厚 0.6 厘米。

1954 年贵港市新村 M15 出土。广西壮族自治区博物馆二级藏品。

圆形、圆钮、圆钮座。钮座外浮雕式三龙一虎纹绕钮环列，龙的身躯部分压在钮下。其中钮的上方为右龙左虎夹钮对峙。龙的两短角前弯，曲颈弯躯，身上有短翅和突起的鳞片，两前足外露，一足有三爪；虎为竖耳，张嘴弯腰。龙虎头部之间有铭文"吕氏作"三字。钮的下方为二龙相对，两龙头之间有铭文"千万"二字。其外一周为短斜线纹。两周锯齿纹夹一周双线波纹缘。

140

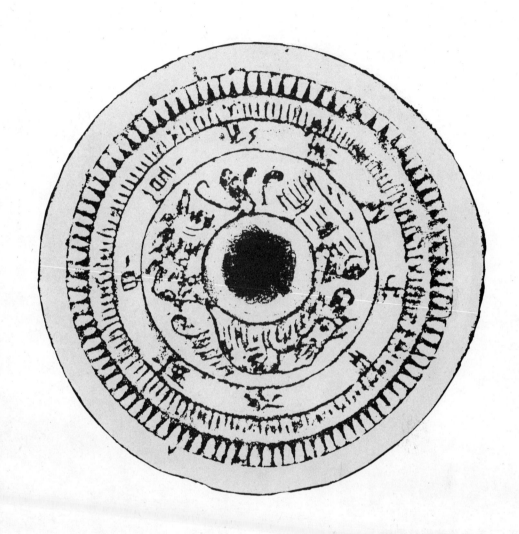

97．王兮三鸟铭带纹铜镜

直径 9 厘米、缘厚 0.4 厘米。

1979 年梧州市郊扶典出土。梧州市博物馆二级藏品。

圆形、圆钮、圆钮座。座外一圈弦纹带，内区主纹为线条式三禽鸟绕钮环列。其中二鸟逆时针向置，一鸟顺时针向置。逆时针向置的前一鸟为外向，尖喙、圆眼、长尾上翘，呈飞翔状，与顺时针一鸟相对。外区一圈铭文为"王兮三羊卿重见佛□"九字。其外有短斜线纹和锯齿纹各一周。素斜卷缘。

98. 三羊子孙铭带纹铜镜

直径 10.4 厘米、缘厚 0.5 厘米。

1956 年贵港市供销社 M33 出土。广西壮族自治区博物馆二级藏品。

圆形、圆钮、圆钮座。座外线条式三羊绕钮环列，羊身大部压在钮下。三羊的形态基本相同，均为曲颈回首，顺时针朝向。羊头前各有一组子孙纹，三组子孙纹皆为七个孙纹环绕一个子纹，构成一幅寓意三羊开泰、子孙吉祥的图案。外区铭文为"三羊作竟（镜）自有制，上东寻命王命人兮"十五字。其中"三羊"与"黄羊"、"青羊"一样，都是东汉时期吴郡吴县（今江苏苏州）制镜工匠家族名号。铭文外有短斜线纹、锯齿纹和双线波纹各一周。内侧斜边素窄缘。

99. 黄龙元年重列式神兽纹铜镜

直径 10.9 厘米、缘厚 0.4 厘米。

1966 年贵港市高中水利工地出土。广西壮族自治区博物馆一级藏品。

圆形、扁圆钮、圆钮座。座外一周三十个外向连弧纹，近缘处一双弦凸圈分内外两区。内区主纹自上而下分为五段，阶段线明确。第一段为神人，两侧有朱雀和龙；第二段四个神人；第三段钮两侧为东王公和西王母；二、三段两侧有青龙和白虎；第四段一神四兽；第五段一神，左右两侧为朱雀玄武。外区铭文由右旋的三十七个篆书反体字组成："黄龙元年（公元 229 年）太岁在丁酉七月壬子（朔）十三日甲子，（师）陈（世）□（造）作三 明镜，其有（服）者，命人富贵。"缘上饰交错连续的小矩形几何纹。

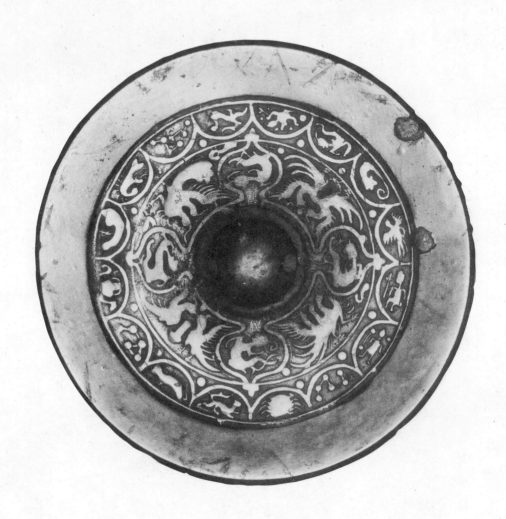

100. 变形四叶瑞兽对凤纹铜镜

　　直径 17 厘米、缘厚 0.4 厘米。

　　1978 年贵港市工农师范广场 M3 出土。现藏贵港市博物馆。

　　圆形、扁圆钮、圆钮座。钮座外四瓣宝珠状的叶纹将内区等分成四小区，叶内瑞兽各一，叶间的小区饰同向并列双凤与相对的双凤相间。其中一凤的中间有柱状饰物。近镜缘处的内向十六连弧圈带中各有星象纹、狩猎纹、凤鸟纹、瑞兽纹等，连弧间各有一凸面圆点纹。素宽内斜面缘。

101. 龙虎对峙纹铜镜

直径 9.3 厘米、缘厚 0.5 厘米。

1982 年贺州市贺街镇寿峰 M2 出土。贺州市博物馆二级藏品。

圆形、圆钮、圆钮座。座外浮雕式左龙右虎夹钮对峙。龙的部分身躯压在镜钮下。其外一周为短斜线纹。锯齿纹和双线波纹内缘，斜边素窄外缘。

102. 天王日月神兽纹铜镜

直径 12.3 厘米、缘厚 0.35 厘米。

1974 年梧州市白鹤山出土。梧州市博物馆二级藏品。

圆形、扁圆钮、圆钮座。座外内区主纹为浮雕四组对置式神兽纹。其中二组为一神二兽对置，第三组为一半身神人，第四组为一站立神人。外区为六个凸起的半圆与六个凸起的方枚相间环列。每个方枚一铭文，合为"天王日月固□"六字。其外为短斜线纹一周。内缘铭文逆时针排列，反书篆文"□作明竟（镜），可以照□，宜疾王□，□□羊□□□□□"二十字。素外缘。

103.凹面环状神兽纹铜镜

直径 14.8 厘米、缘厚 0.5 厘米。

1980 年梧州市富民坊出土。梧州市博物馆二级藏品。

圆形、圆钮、圆钮座。座旁两圈弦纹外为主纹。主纹为八个高浮雕式凹面环状纹与四个龙头形纹、三神人和兽纹相间环绕。外区有十二个凸起的半圆纹和十二个方枚相间环列。每个方枚中均有四字铭。其外一周为锯齿纹带。弦纹和浮雕式禽兽纹内缘，卷草纹外缘。

104. 明如日光神兽纹鎏金铜镜

直径 13.8 厘米、缘厚 0.5 厘米。

1980 年梧州市富民坊出土。梧州市博物馆二级藏品。

圆形、扁圆钮、圆钮座。座外有六竖短线与椭圆纹圈相间的纹带一周。内区主纹为浮雕式的四神人和四兽相间夹钮对置环列。其中神人为正面端坐，有的双手拱于胸前。外区十二个凸起的半圆纹和十二个凸起的方枚相间环绕，方枚中各有一字铭，可认者有"明如日光，庆王□□，□□□□"等字。其外一周为锯齿二弦凸圈纹带。浮雕式兽纹夹花草纹和卷云纹缘。

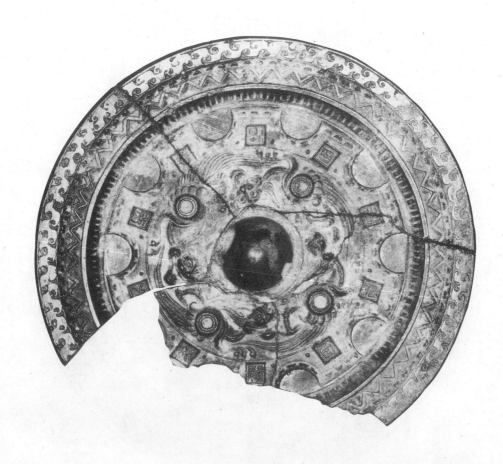

105．潘氏凹面环状神兽纹铜镜

　　直径9.8厘米、缘厚0.3厘米。

　　合浦县出土。现藏合浦县博物馆。

　　圆形、圆钮、圆钮座。座外四个凸起的凹面环状纹将内区纹饰等分为四小区，每小区饰一神兽。外区十个凸起的内向半圆和十个方枚相间环绕，每个方枚各有一字铭文，合为"潘氏作竟（镜）自有纪，□吉□"。其外一周短斜线纹带。双线波纹、弧点纹和云纹缘。

106. 阿房四神十二生肖纹铜镜

　　直径 21.8 厘米、缘厚 0.75 厘米。

　　1976 年从兴安县城上游街 119 号山墙中发现。桂林博物馆一级藏品。

　　圆形、圆钮、伏兽纹钮座。钮座外凹面双线方格，方格四外角与 V 形纹相对，V 形纹内各有一兽面纹。方格与 V 纹分割的四区内分别配置青龙、白虎、朱雀、玄武四神。中区为楷体铭文"阿房照胆，仁寿悬宫，菱藏影内，月挂梦中，看形必写，望里如空，山魑敢出，水质惭功，聊书玉篆，永镂青铜"四十字。外区由叶瓣纹分成十二区，分别配置鼠、牛、虎、兔、龙、蛇、马、羊、猴、鸡、狗、猪十二生肖环绕奔驰。锯齿纹缘。

107. 淮南瑞兽十二生肖纹铜镜

直径 24.7 厘米、缘厚 0.8 厘米。

1977 年钦州市双墩 M5 出土。广西壮族自治区博物馆二级藏品。

圆形、圆钮、圆钮座。座外一周斜边饰连弧和锯齿纹、顶部为双弦纹的高圈。内区残破修复，现存浮雕式青龙、白虎、麒麟等瑞兽。其外一周为外向连弧和短斜线高圈纹。中区一圈八卦纹与卷云纹相间环列。外区由叶瓣及点线纹分成十二区，分别配置十二生肖各一。近缘一圈楷书铭文为"淮南起照，仁寿传名，琢玉斯表，镕金勒成，时雍炎晋，节茂朱明，援墁鉴澈，用似流清，光无影满，叶不枯荣，图□览质，千载为贞"。铭文首尾以圆圈纹作标志。素窄缘。

108. 摸质六麒麟纹铜镜

　　直径 18.3 厘米、缘厚 1.2 厘米。

　　1974 年平南县环城镇六壬村出土。平南县博物馆二级藏品。

　　圆形、圆钮、花瓣圆钮座。座外一周双弦突圈纹将镜背分为内外两区。内区环列浮雕式六兽。六兽形若麒麟两两相对，昂首翘尾，身躯柔健，呈嬉戏状，活泼生动。外区以点线铭文分为八格，铭文为楷体"摸质象形，图日放星"八字，八格内以四凤四兽相间环列。锯齿纹和缠枝卷草纹缘。

109. 四瑞兽纹铜镜

直径 9.4 厘米、缘厚 0.9 厘米。

1988 年兴安县湘漓出土。兴安县博物馆二级藏品。

圆形、圆钮、圆钮座。钮座外一双弦高圈纹带将镜背分为内外两区。内区浮雕式四兽同向绕钮奔驰，四兽似狐似狼，有的回首顾盼，有的俯身低首，兽间填以云纹。外区一周缠绕花草纹。斜短线夹点线纹缘。

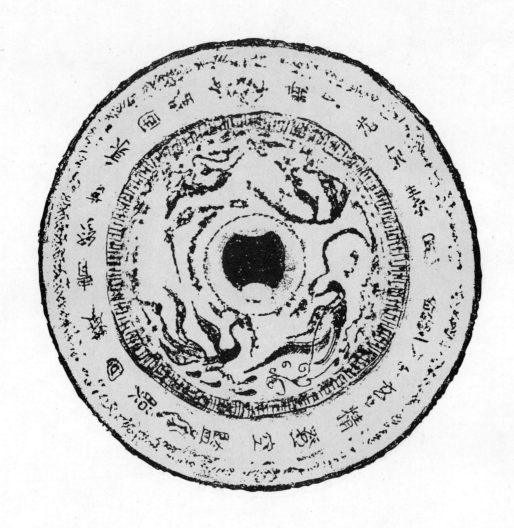

110. 光流四鸾衔绶纹铜镜

直径 11.5 厘米、缘厚 0.9 厘米。

1983 年博白县沙河村圆岭屯出土。现藏博白县博物馆。

圆形、圆钮、圆钮座。座外一周双弦凸起的高圈将镜背分为内外两区。内区四鸾衔绶绕钮环列。四鸟展翅飞翔，口衔绶带迎风飘扬，鸟间补以花叶纹。其外一周为短斜线纹。外区楷书铭文为"光流素月，质禀玄精，澄空监水，照回凝清，终古永固，莹此心灵"二十四字。铭文外有锯齿纹一圈。四斜短线填三圆点纹缘。

154

111. 六瑞兽葡萄纹铜镜

直径 11.9 厘米、缘厚 1.1 厘米。

贵港市出土。广西壮族自治区博物馆二级藏品。

圆形、伏兽钮。一周凸棱将镜背分为两区。内区浮雕式六瑞兽绕钮环列。六瑞兽或俯或昂，或正面，或回首，或蹲伏，或侧转折身奔腾。瑞兽外环列串串葡萄，果实密且饱满。外区为不同形态的禽鸟环绕于葡萄串及枝蔓中。云花纹缘。

112. 四瑞兽葡萄鸾鸟纹铜镜

直径 12.3 厘米、缘厚 1 厘米。

1991 年灌阳县新街乡龙中村出土。恭城瑶族自治县文物管理所二级藏品。

圆形、伏兽钮。一周凸起的双弦纹高圈将镜背分为两区。内区上下左右各有一瑞兽，兽间有一鸾鸟，珍禽瑞兽外环列一串串葡萄和一片片叶纹。外区不同形态的禽鸟环列，有的头向前，有的头向镜钮，有的侧翅扭头，形态各异，形象生动。近缘处又环绕一串串葡萄和一片片叶纹。锯齿纹缘。

113. 四瑞兽葡萄纹铜镜

　　直径 12.4 厘米、缘厚 1.35 厘米。

　　1984 年昭平县城征集。现藏昭平县文物管理所。

　　圆形、伏兽钮。钮外一凸起高圈将镜背分为内外两区。内区钮外以四株葡萄枝将内区分为四小区，每小区一浮雕式瑞兽，兽作侧身曲体，昂首咧嘴上视，奔戏于葡萄枝蔓间。外区以展翅外飞的四雀将纹饰分为四小区，每小区饰一鸟栖息于葡萄枝蔓间。流云纹缘。

114. 四瑞兽葡萄纹铜镜

　　直径 9.8 厘米、缘厚 0.44 厘米。

　　1959 年柳州市陆昌达赠送。现藏柳州市博物馆。

　　圆形、伏兽钮。钮外一高圈将镜背分为内外两区。内区高浮雕四瑞兽绕钮环列，瑞兽姿态不同，有的伏地啄食，有的昂首前视，一串串葡萄环列高圈内侧，葡萄串和枝叶攀跨于高圈两侧。外区四禽展翅飞翔于硕果累累的葡萄串间。叠云纹缘。

115. 四瑞兽葡萄纹铜镜

　　直径 9.7 厘米、缘厚 0.9 厘米。

　　1996 年兴安县湘漓出土。现藏兴安县博物馆。

　　圆形、伏兽钮。一周凸弦纹将镜背分为两区。内区四瑞兽，兽作侧身曲体，或俯或仰，回首或昂首咧嘴，爬行或奔跑，兽间均有花枝相隔。外区六只禽鸟穿插于葡萄枝蔓叶实之间，禽鸟三飞三行走，禽鸟之间隔以串串葡萄枝蔓。流云纹缘。

116．四叶葡萄纹铜镜

直径 13.8 厘米、缘厚 1.2 厘米。

1988 年永福县桃城乡南雄村出土。永福县文物管理所二级藏品。

圆形、圆钮、圆钮座。座外一周三弦纹高圈将镜背分为内外两区。内区钮外伸出浮雕式内向桃形四叶宝相花纹，叶内各有五个葡萄围成的瓣形花蕊。四叶间各一株葡萄卷叶纹。外区为缠枝葡萄花叶纹环绕。其外为斜面长三角形纹一周。锯齿纹缘。

117. 葡萄纹铜镜

  直径 9.5 厘米、缘厚 0.7 厘米。

  1982 年平南县平南镇杏花畲出土。平南县博物馆二级藏品。

  圆形、圆钮、八花瓣钮座。座外一周双弦突高圈将镜背分为内外两区。内区环绕五串葡萄枝蔓，葡萄串的果实密集且饱满。外区有一周缠枝花。连珠（或点线）纹缘。

118. 四瑞兽葡萄纹铜方镜

边长 11.3 厘米、缘厚 1.3 厘米。

1973 年藤县城关三合村出土。广西壮族自治区博物馆一级藏品。

方形、伏兽钮。钮外一凸起的齿纹高方格将镜背分为内外区。内区高浮雕四瑞兽作重列式四角形配置。若以兽钮的头部作为上方的话，钮上两兽的头部同向左前方，钮下两兽同向右前方。兽间布以葡萄串及枝蔓。方格外四角与四只覆羽外向的禽鸟相对，将外区分成四区，每区有八串葡萄枝蔓花叶和两禽。其中一区内为头向右前方、前后相随的两鸳鸯与另一区同向相随的二鸟相对；另外相对的两区为各一对头向镜缘展翅飞翔的鸟。窄高缘。

119. 瑞兽葡萄蜂蝶纹铜方镜

　　直径 11.6 厘米、缘厚 1.3 厘米。

　　1974 年灌阳县黄关镇白竹铺出土。灌阳县文物管理所二级藏品。

　　方形、伏兽钮。钮外一凸起方格将镜背分为内外两区。内区高浮雕四瑞兽攀援于葡萄蔓间。四兽分别配置于钮的四方，头部向着各内角，其中两对角的兽为昂首翘尾，四足张开伏地；另两对角的兽为仰首举尾，三足伸展，侧身转体伏地。方格外四角与四只展翅外飞的禽鸟相对，将外区分成四小区，每小区有缠连的枝蔓花叶及葡萄串，不同姿式的小燕子、蜻蜓及蜂蝶点缀其中。素窄高缘。

120. 龙凤纹菱花形铜镜

直径 15.5 厘米、缘厚 0.7 厘米。

1960 年征集。现藏广西壮族自治区博物馆。

八瓣菱花形、内切圆形、圆钮。钮的左右各有一鸟，二鸟同形，张翅卷尾，曲颈回首啄羽，屈肢站立，神态安静悠闲。钮的上下各有一龙，两龙的形象基本一致，昂首曲颈，作奔驰状，龙体旁有流云纹。八瓣边缘上为线条式折枝花环绕。

121. 四蝶双鹊纹葵瓣形铜镜

直径 19 厘米、缘厚 0.5 厘米。

1973 年桂平市木圭祝兴浔江石缝中出土。现藏桂平市博物馆。

八出葵瓣形、圆钮、八瓣莲花纹钮座。钮座外浅浮雕式两组反方向的对称花鸟蜂蝶绕镜环列。其中一组为叶苞花枝，荷叶三瓣形张开，中间为重瓣式荷花，叶脉清晰，叶旁有一如意云头纹；花苞为重瓣式微开，一展翅蜂蝶正吸吮花蜜，一喜鹊朝着蜂蝶飞来。另一组亦为叶苞式花枝，一侧的大叶三瓣状张开，叶旁一蜂蝶朝向钮座飞去；另一侧的花苞略呈椭圆形，苞的下部托附三片小叶，两边各伸出一稍大的叶片，上部绽出重瓣花。素窄葵缘。

122. 鹊绕花枝纹菱花形铜镜

　　直径 12 厘米、缘厚 0.85 厘米。

　　1992 年容县畜牧局购得。玉林覃小明藏品。

　　八瓣菱花形、内切圆形、半球形钮。钮外四禽鸟与四折枝花相间环列。其中隔钮相对的两鹊展翅飞翔，另外的两鸟形态不同：一鸟两脚立地，张翅回首；另一鸟双足站立，羽翼未张，俯首觅食。鸟间有形状稍异的四组折枝花。其中相对的两组为两叶两苞，另二组为两叶两花。缘部各瓣内饰以流云纹，素窄菱外缘。

166

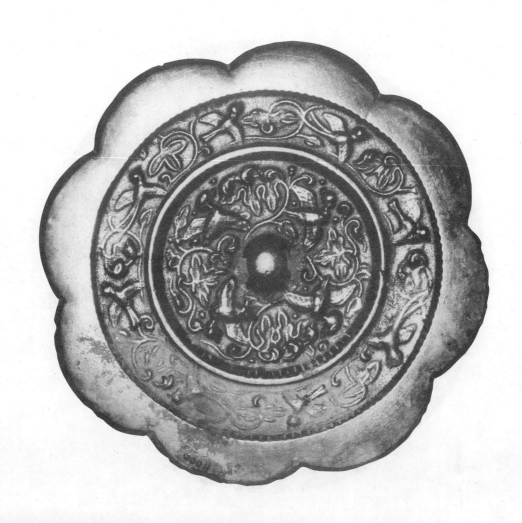

123. 鹊绕花枝纹葵瓣形铜镜

直径 10.9 厘米、缘厚 0.4 厘米。

1977 年容县容城镇孔明岭出土。容县博物馆二级藏品。

八出葵瓣形、圆钮。钮外一周短斜线纹斜边高凸圈将镜背分为内外两区。内区为浮雕四雀绕花枝纹，四雀展翅顺时针方向环飞。外区八鹊环绕于花枝间。内外区花枝条卷曲。素宽葵缘。

124. 四鸟花叶纹葵瓣形铜镜

　　直径 21.5 厘米、缘厚 0.4 厘米。

　　1982 年钟山县黄竹村出土。钟山县文物管理所二级藏品。

　　八出葵瓣形、圆钮、六瓣纹钮座。座外四组大花枝与四组小花枝相间环列。大花枝的形状略有不同：其中除了一枝为七叶托附一莲蓬、一鸟回首展翅站立在莲蓬上，其余三枝均为五叶托莲蓬、一鸟昂首展翅站立于莲蓬上。大花枝间的小花枝均为两叶一苞。素窄凸葵缘。

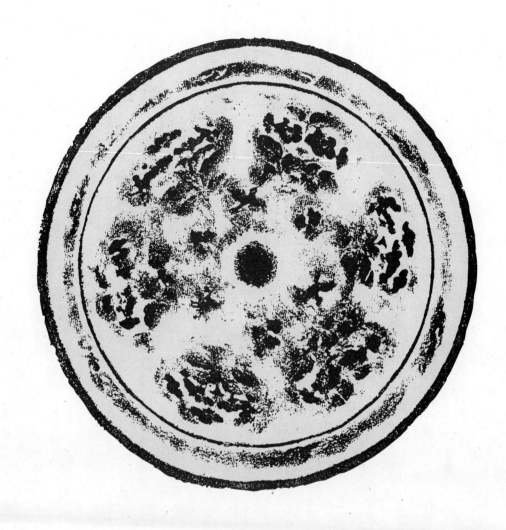

125.三鸟六花枝纹铜镜

　　直径 24.8 厘米、缘厚 0.45 厘米。

　　1978 年容县城厢红卫路古井出土。现藏广西壮族自治区博物馆。

　　圆形、圆钮。钮外近缘处一周凸弦纹将镜背分为内外两区。内区的钮周为三飞鸟与三朵花相间环绕。其外浅浮雕式两种不同形态的六株大花枝相间环列，一种花枝为六叶之上有五朵五瓣花；一种为两朵花开在枝叶丛中。外区六朵卷云纹环列。素窄缘。

126．同心簇六团花铭带纹铜镜

　　直径 12.3 厘米、缘厚 0.65 厘米。

　　1976 年恭城县栗木镇出土。现藏广西壮族自治区博物馆。

　　圆形、圆钮、圆钮座。内区钮座外环绕六个团花，每个团花的花蕊外为六瓣莲花形，团花吐出的花蕊组成一圈连珠纹，最外为双线纹。莲花规矩整齐。团花之间衬以佛像及菩提树等。外区为铭文带，铭文为"同心照胆，知幽察微，珠惭朗润，月谢光晖，妖兵既弭，福庆斯归"。铭文的首尾字间有八圆点组成的七瓣形小花作标志。短斜线及点线纹缘。

127. 瑞兽鸾鸟纹铜镜

直径 13.1 厘米、缘厚 1.1 厘米。

1987 年平乐县青龙乡马田村出土。现藏平乐县文物管理所。

圆形、圆钮、圆钮座。座外一凸起的双弦纹高圈将镜背分为内外两区。内区高浮雕式六瑞兽（残缺一）绕钮环列。六兽分三组，两两相对，嬉戏格斗，形态各异。有的俯身牴首，有的翘尾狂奔，有的趴地昂首，有的举首奔驰，生动活泼，颇富情趣。外区为一鸾七瑞兽与四花枝纹相间环列，兽为两两相随，逆时针走向。锯齿纹和缠枝卷叶纹缘。

128．双鸾瑞兽纹葵瓣形铜镜

直径 15.4 厘米、缘厚 0.55 厘米。

1972 年北海市高德镇出土。广西壮族自治区博物馆二级藏品。

八出葵瓣形、圆钮。钮外有浮雕式瑞兽和鸾鸟各一对。其中双鸾夹钮相对而立，口衔花枝，曲颈展翅，长尾上卷，脚踏花枝。钮上天马行空，举首翘尾，四肢伸展，奔驰于两流云之间；钮下一兽形似狮，张嘴突眼，头上两角，前肢作左右伸展，后肢张开支起前身，腾空起舞，两侧各有一枝荷花。素葵缘。

129.鸟兽绕花枝纹菱花形铜镜

　　直径9.5厘米、缘厚0.5厘米。

　　1958年梧州市郊出土。梧州市博物馆二级藏品。

　　八瓣菱花形、圆钮。钮外主纹为浮雕式二兽二鸾相间环绕，禽兽之间配置花枝和卷叶纹。其外一周为弦纹带。镜缘为蝴蝶及花枝纹。主纹与边饰相映成趣，构成一幅美妙的花鸟小景。素窄菱外缘。

130. 四仙骑兽驾鹤纹葵瓣形铜镜

　　直径 12.3 厘米、缘厚 0.6 厘米。

　　1960 年李济深遗赠。现藏广西壮族自治区博物馆。

　　八出葵瓣形、内切圆形、圆钮。主纹为四仙人骑兽驾鹤，腾空飞翔，同向绕钮。仙人头戴冠，披帛穿过两胁在背部呈方圆弧形向后飘拂。其中二仙人跨仙鹤，二鹤昂首展翅，作疾飞状。另二仙骑瑞兽，二兽举头竖耳，四肢奔腾，作迅跑状。花枝蜂蝶纹缘。

131. 四仙骑纹葵瓣形铜镜

直径 11.7 厘米、缘厚 0.5 厘米。

1986 年容县容城镇登高岭出土。现藏容县博物馆。

八出葵瓣形、内切圆形、圆钮。钮外主纹为浮雕式四仙骑兽，腾空飞翔，顺时针同向绕钮奔驰。仙人戴冠，披帛在背后分成两股向后飘拂。瑞兽体态丰腴，四肢奔腾，作迅跑状。折枝花卉纹内缘，素窄葵外缘。

132. 单龙云纹葵瓣形铜镜

直径 16.1 厘米、缘厚 0.35 厘米。

1973 年灌阳县新街乡龙云村东古岩出土。灌阳县文物管理所二级藏品。

八出葵瓣形、平顶圆钮。钮外龙身作 C 形绕钮盘曲，龙头在上，面向中心，张口露牙，作吞珠状。双角上翘，背鳍、腹甲、鳞片、肘毛均刻画细密，两前肢伸张，两后肢一曲一直伸展，直伸的后肢与尾部纠结，四肢露出三尖爪，颇具昂扬飞腾的气概。龙身四周环绕四朵如意云头纹。素葵缘。

176

133. 单龙纹亞字形铜镜

长 19.1 厘米、宽 18.9 厘米、缘厚 0.35 厘米。

1978 年容县红卫路古井出土。现藏广西壮族自治区博物馆。

亞字形、圆钮。钮外一龙盘曲，龙头在左，面向镜钮，张口含钮，作吞珠状。龙为长嘴双角，细长曲颈，身躯作 C 形盘曲，四肢伸展，露出三爪，一后肢与龙尾相缠。背鳍、腹甲、鳞片、肘毛均刻画细密。身躯雄健，神态轩昂。腿部有云纹而龙周无云纹点缀。素平缘。

134. 凸宽圈素地铜镜

　　直径 11.6 厘米、缘厚 1.4 厘米。

　　1973 年容县氮肥厂出土。容县博物馆二级藏品。

　　圆形、圆钮、无钮座。钮与边缘之间以一素凸宽圈将镜背分为内外两区，内外区均素地无纹。斜弧面素凸高缘。

178

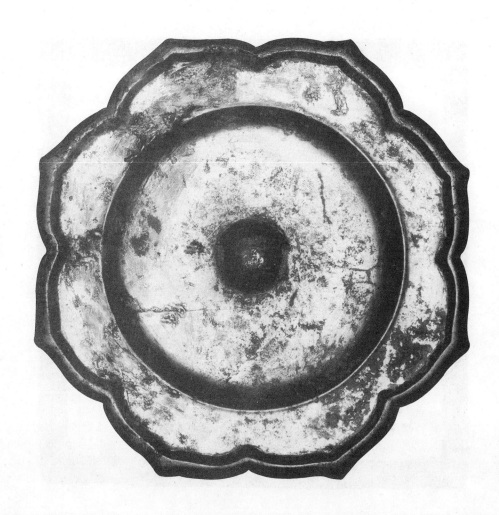

135. 凸弦高圈素地菱花形铜镜

直径 12.5 厘米、缘厚 0.7 厘米。

1995 年于容县农机站征集。玉林市覃小明藏品。

八瓣菱花形、圆钮。钮外以一凸弦纹高圈将镜背分为内外两区，外区比内区高，两区均素地无纹。素窄凸菱缘。

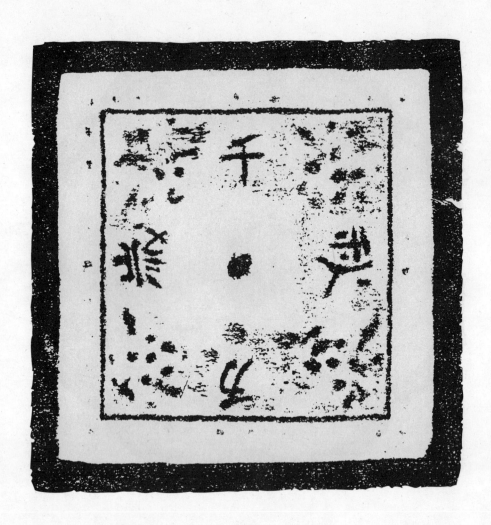

136．千秋万岁铭铜方镜

　　边长 9.6 厘米、边厚 0.15 厘米。

　　1994 年龙胜县公安局移交。现藏龙胜县文物管理所。

　　方形、小鼻钮。钮外一弦纹方框将镜背分为内外两区。内区方框内每边的中间各有一字铭文，按上右下左的右旋顺序连读为"千秋万岁"四字，框内四角各有一朵瓣形花。外区为点线纹。素缘。

137. 弦纹菱花形铜镜

　　直径 18.4 厘米、缘厚 0.3 厘米。

　　1997 年贺州市贺街狗婆寨出土。现藏贺州市博物馆。

　　八瓣菱花形、小圆钮、圆钮座。座与镜缘之间的中部饰两圈弦纹，弦纹圈的内外均素地无纹。素宽菱缘。

138. 双龙纹菱花形铜镜

　　直径 9.8 厘米、缘厚 0.45 厘米。

　　1975 年永福县城凤山公园出土。现藏永福县文物管理所。

　　八瓣菱花形、小鼻钮。双龙分别在钮两侧，两龙相向，头尾相接，为逆时针绕钮曲卷走向。两龙头均张嘴，身躯蜿蜒于钮两侧，张目舞爪，伸出带三爪的前后肢。每条龙的尾部均翻卷云纹，外接一火焰纹。素菱缘。

182

139.双龙云纹菱花形铜镜

直径 13 厘米、缘厚 0.5 厘米。

1976 年藤县藤城白坭塘出土。现藏藤县博物馆。

八瓣菱花形、圆钮。钮外左右各一龙，两龙头隔钮相对，作夺珠形。身躯蜿蜒于龙头上方，一后肢与尾相交，形成一环形。钮右边的龙张开嘴，左边的龙闭着嘴。二龙均张目舞爪，伸出带三爪的前肢。龙身周围点缀云彩。钮下方有三足炉，炉下残缺。素窄菱缘。

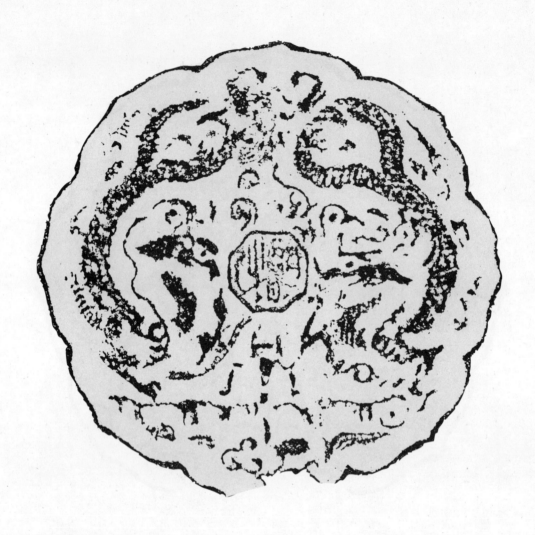

140. 双龙纹菱花形铜镜

  直径 12.2 厘米、缘厚 0.49 厘米。

  1982 年柳州市理卡废旧仓拣选。现藏柳州市博物馆。

  八瓣菱花形、无钮、镜背中央一八边形内有铭文。双龙分别在八边形的左右两侧，龙头对着镜中间的八边形铭文。身躯蜿蜒于龙头上方，一后肢与尾相交，形成一环形。右侧的龙张开嘴，而左侧的龙却闭着嘴。二龙均张目舞爪，伸出带三爪的前肢。龙身周围点缀云纹。镜下方有一条起伏不平的海岸，岸下为波涛汹涌的海水，水中有一龟。岸上有一座三足炉，香炉向左右飘拂轻烟。素窄菱缘。

141. 摩羯纹葵瓣形铜镜

　　直径9.1厘米、缘厚0.4厘米。

　　1979年梧州市废旧物资仓拣选。现藏梧州市博物馆。

　　八出葵瓣形、圆钮、无钮座。钮外一条摩羯绕钮作反向C形盘曲。摩羯呈龙头、鱼身、鱼尾的非龙非鱼状。龙头回首，大口对着镜钮，有若吞珠。盘曲的鱼身上突起鳞片，肩部长出羽翼，反向八字形的鱼尾上方饰火焰纹。高素葵缘。

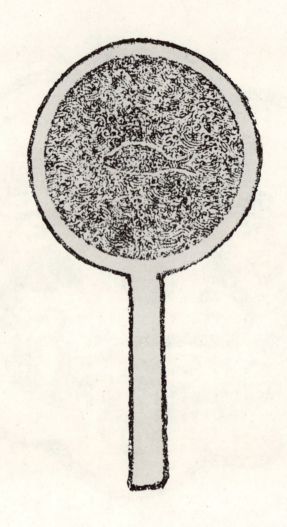

142. 海水鱼纹宫扇形铜镜

直径 10.1 厘米、通长 18.6 厘米、缘厚 0.2 厘米。

1994 年龙胜县公安局拨交。现藏龙胜县文物管理所。

圆形带把的宫扇形，镜边与柄边棱相连。细而密的水波纹表示的海水波浪铺满镜背，一鱼横置海水中央。海水纹饰繁密，鱼为头左尾右，尖头、圆眼、宽身、小尾，僵直呆板，随水漂浮，缺乏击浪游动的朝气。素窄缘。

186

143. 双凤纹铜镜

直径 16 厘米、缘厚 0.5 厘米。

1978 年桂平市西山镇出土。现藏桂平市博物馆。

圆形、平顶圆钮、连珠纹钮座。座外主题纹饰为口衔花枝的双凤绕钮环飞。双凤首尾相接，形态相同，为鸡头凤、三瓣冠、尖嘴、单凤眼。叠瓣式羽翼和叶片状尾羽已失去凤的神采和风貌。其形象更接近凤凰所具备的"鸡头、蛇颈、燕颔、龟身、鱼尾"的特征。其外为短斜线纹、锯齿纹和连珠纹（或称点线纹）各一周。弦纹窄卷缘。

144. 双凤花卉纹菱花形铜镜

  直径 15.5 厘米、缘厚 0.3 厘米。

  1975 年拣选。现藏桂林博物馆。

  八瓣菱花形、小鼻钮。钮外两圈弦纹将镜背分为内中外三区。内区双凤满铺，作首尾对接式。凤为尖嘴凤眼，花冠曲颈，振起双翅，花叶纹长凤尾。中区为缠枝花卉纹带。外区素地无纹。素菱缘。

188

145. 煌丕昌天海舶纹菱花形铜镜

直径 16.5 厘米、缘厚 0.4 厘米。

1978 年容县陶器厂出土。容县博物馆二级藏品。

八瓣菱花形、平顶圆钮。钮下一艘舟船落帆扬标行使在波涛汹涌的海面上。水曲纹满铺镜背，波峰、波谷十分规整，水中有激起的浪花，并点缀一些花叶。船的头尾各有数人。钮上部有"煌丕昌天"四字铭文，书体近似蝌蚪文的变体。素窄菱缘。

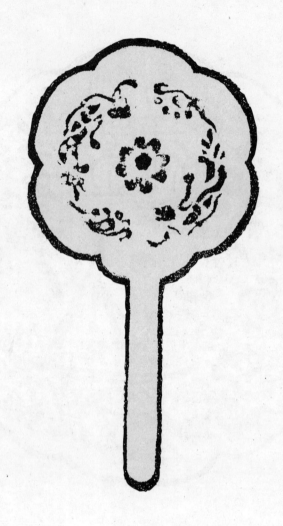

146. 二飞仙绕花纹葵形带把铜镜

直径 7.8 厘米、通长 14.3 厘米、缘厚 0.25 厘米。

1996 年贺州市步头镇保和村出土。现藏贺州市博物馆。

六出葵瓣形带把,镜边与把边棱相连。中心为一朵盛开的八瓣花,花外为二飞仙与二花枝相间环列。二飞仙面容丰满圆润,体态健壮,两手一前一后展开,掌中托有宝物,侧身回首,作升腾状,脚后一串枝叶纹。二飞仙之间为一枝卷曲的花枝。素葵缘。

190

147．二飞仙绕花枝纹葵瓣形铜镜

直径 10.5 厘米、缘厚 0.4 厘米。

1977 年全州县凤凰乡凤凰嘴墓群出土。现藏全州县文物管理所。

六出葵瓣形、桥形钮、花瓣形钮座。座外浮雕式二飞仙与两株折枝花相间环列。二飞仙的形态基本相同，头戴冠，两手一上一下左右张开，右手朝镜缘一侧斜举，左手屈肘抬起，掌上托着宝物，两肩有环状披挂，下体有瓣形服饰，足后部一串枝叶纹，回首侧身，作升腾之势。两株花枝均为交枝式，枝上有卷草形小叶和一朵盛开的七瓣花。素窄卷葵缘。

148.六飞仙绕花枝纹铜镜

直径 14.5 厘米、缘厚 0.6 厘米。

1980 年贵港市风流岭出土。贵港市博物馆二级藏品。

圆形、平顶圆钮、花瓣纹钮座。座外凸起的高圈将镜背分为内外两区。内区为两飞仙与两朵如意云纹相间绕钮座环列。飞仙身段修长，体态丰满，头戴冠，着紧身衣，回首侧身，两手前后展开，作升腾之势，飞翔云间，身旁披带飘拂，足后一串枝叶形纹。外区为四飞仙与四花枝纹相间环绕。四飞仙的形态与内区的二飞仙基本相同。四株花枝均为两叉交枝式卷曲的叶瓣、茎端承托一朵盛开的花瓣。素窄缘。

149. 周原仙人鹤鹿纹宫扇形铜镜

直径 10.3 厘米、通长 18.7 厘米、缘厚 0.3 厘米。

1977 年兴安县兴安镇出土。现藏兴安县博物馆。

圆形带把宫扇形，镜边与柄边棱相连。镜的左侧一棵松树，枝叶繁茂，树干后一条云带沿树冠下方蜿蜒飘向右上方。松树左下侧一仙人身着宽袖长袍，坐在石上，仙人头上有头光。其对面一仙人旁有一鹿，两仙人之间的下方有一仙鹤和一龟。其外为两周弦纹。素窄缘。镜把上有铭文"周原造"三字。

150．仙人乘凤纹宫扇形铜镜

　　直径 12.1 厘米、通长 22.6 厘米、缘厚 0.4 厘米。

　　1981 年桂平市西山镇新岗村龟岭宋墓出土。现藏桂平市博物馆。

　　圆形有柄的宫扇形，镜缘凸边压于镜把凸边之上。镜上部中央的长方框中有竖行铭文"□□□□"四字。其下一仙人乘凤飞翔于云层之上。仙人头戴冠，著长衫，帛带飘舞。凤为高冠羽，尾羽作卷曲的花叶纹。外区一周缠枝花草纹。素窄缘。

194

151. 仙人降龙纹葵瓣形铜镜

直径 14 厘米、缘厚 0.7 厘米。

1983 年征集于兴安县溶江镇。现藏兴安县博物馆。

八出葵瓣形、圆钮、连珠纹钮座。钮右有一仙人，头挽髻，身着对襟长袖衫，右手抬起，抛剑刺向飞龙。左手臂上挽着一根打成圆结的长索，双脚踩在云朵上。钮右一龙的龙头向下，俯身曲颈，后肢被压在剑下，尾卷曲缠于剑格处。钮上方一小长方格内有铭文（不清）。边缘内斜面的弧形内填圆涡纹。素窄葵外缘。

152. 人物故事纹菱花形鎏金铜镜

直径 15.8 厘米、缘厚 0.7 厘米。

1958 年梧州市郊出土。现藏梧州市博物馆。

八瓣菱花形、圆钮。钮外为浮雕式人物故事纹，共分五组：第一组在钮的左上方有手持武器的五武士；第二组在钮的左侧为神龙；第三组在钮的左下方有三人，中间一人为白发有胡须的长老，两边各一侍者；第四组在钮的下方有一白虎；第五组在钮的右侧有密杂的树木，枝叶繁茂，果实累累。故事内容不明。八瓣菱弧内为祥云纹。素窄高卷菱缘。

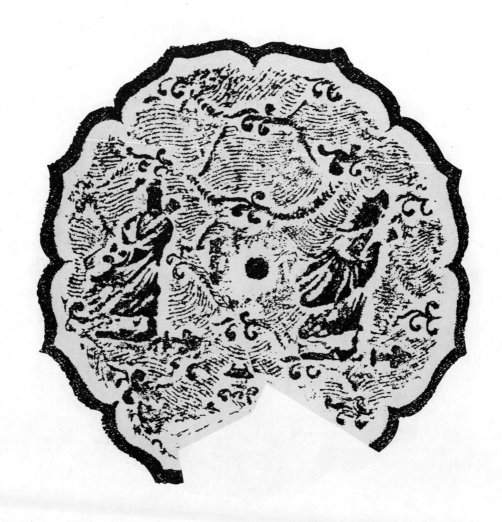

153.二仙过海纹菱花形铜镜

直径 17.6 厘米、缘厚 0.5 厘米。

1980 年灌阳县文市镇会湘村出土。现藏灌阳县文物管理所。

八瓣菱花形、小圆钮。钮外水曲纹铺满镜背，表示波浪滔天的茫茫大海，钮的左右各一仙人站在长剑上飘洋过海，仙人头戴冠，宽袖及长袍下摆顺风飘扬。海水中漂浮水草。钮下还浮现出一座殿宇式的建筑。素窄菱缘。

154.人物故事纹菱花形铜镜

　　直径 17.7 厘米、缘厚 0.5 厘米。

　　1955 年桂林北门外宋墓出土。广西壮族自治区博物馆二级藏品。

　　八瓣菱花形、圆钮。钮右侧有连绵群山，山岩中露出带六排门钉的寺门；钮左侧有山岩和大树一棵，枝叶茂密。树下一条有墩架的长桥。桥的左端站立三人，右前一人头戴冠，身着宽袖长袍，左右有二人肩扛大刀跟随；桥的右端亦有三人，其中前面一人居中端坐，左右两侧各一侍者手执幡物。桥中间的下方有一拱门式岩洞。素菱缘。

198

155. 人物故事纹菱花形铜镜

  直径 16.8 厘米、缘厚 0.7 厘米。

  1978 年永福县中学出土。现藏永福县文物管理所。

  八瓣菱花形、圆钮。纹饰分水陆两部分。陆地上，钮的右侧为一株大树，枝叶向钮上方的左右两边生长，果实累累，枝叶繁茂。钮下方的崖石上似有一人，身后有桃形身光。岸下方布满水波纹，水波细密而整齐，给人波浪泛起之感。人的左边有一弧形二墩式桥。桥边近缘处有一人坐在蛙形的兽背上，头戴冠，双手并列斜向前方，身后有火焰纹。钮右下方有一人，头戴冠，右手下垂，左手肘部挂有一环，面朝左方端坐。纹饰故事内容不明。素菱缘。

156.乐师合乐纹菱花形铜镜

直径8.2厘米、缘厚0.4厘米。

1995年融安县浮石镇西羊头码头出土。现藏融安县文物管理所。

八瓣菱花形、钮残、圆钮座。钮座外六位乐师环列，分别为吹笛、吹箫、吹笙、弹筝、拉琴、击鼓。六乐师均戴冠，其中前三位于钮右侧正面端坐吹奏，后三位于钮上和钮左侧而坐，面部却略偏右。乐师周围配以云纹。边缘八瓣中各饰一蜂蝶纹。素菱外缘。

157. 轩辕耕牛纹盾形铜镜

长 20.7 厘米、宽 14.5 厘米、边厚 0.6 厘米。

1986 年桂林市朝阳乡三里店砖厂宋墓出土。现藏桂林博物馆。

盾形、上部鼻钮。钮下一双线大长方框，框内上方有楷书三竖行，以双线为行距，每行四字或五字"人有十口，前牛无角，后牛有口，走"。中部锯齿纹围成的长方框内一牛吃草。下部长方框内四字为"辟祸去给"。两侧有篆书铭文各一行"轩辕维法造丹药，百炼成得者身昌"。大方框下为八卦纹。素缘。

中间上部的楷书铭文有两种解释：一是"人有十口"，即"古人"二字；"前牛无角"为"才"即"手"字；"后牛有口"为"告"字，加上"走"字，则成"造"字，合为"古人手造"。二是"人有十口"即"甲"字，前牛无角为"午"字，加上后面的"造"字，合为"甲午造"三字。

158. 李道人八卦纹葵瓣形铜镜

　　直径 16.3 厘米、缘厚 0.7 厘米。

　　1976 年兴安县兴安镇出土。现藏兴安县博物馆。

　　六出葵瓣形、平顶小圆钮。钮外八卦纹环列一周，其外一大一小两个正方形格，两方格的四角有单线格界相连，每边置三个地支铭文"亥子丑"、"寅卯辰"、"巳午未"、"申酉戌"，这样"子"与"午"正处在正北与正南的方位。方格与镜缘形成的四区内有水池、树、火焰、香炉，其中香炉左旁有一印章式的铭文"李道人造"四字。素葵卷缘。

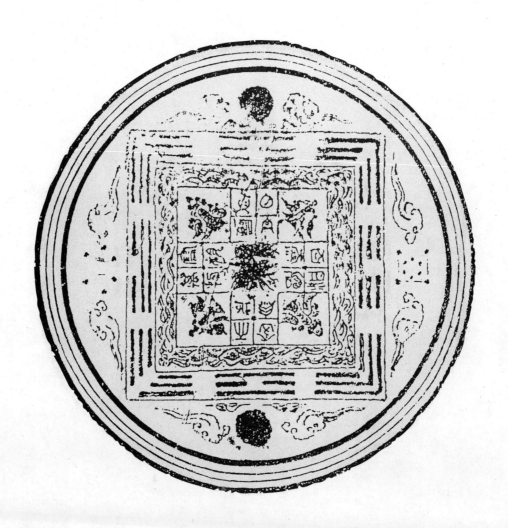

159. 日月星辰八卦纹铜镜

直径 25.2 厘米、缘厚 0.55 厘米。

1986 年藤县藤州大桥荔枝冲出土。藤县博物馆二级藏品。

圆形、方形博山纹钮。钮外三个细弦纹方框将镜背分为三区，形成内方外圆的图形。内区九个方格，除了钮，四个方格内各有四字铭文，合为"日月贞明，天地含为，写规万物，洞鉴百灵"。另四格为山岳与松树。其外环列一周水波纹。中区八卦按四方环列一周。外区为日、月、星辰并各配以两朵如意云头纹。重弦纹缘。

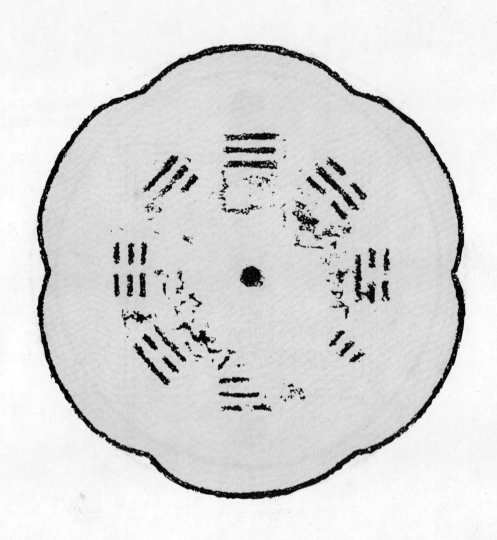

160.八卦纹葵瓣形铜镜

    直径16.5厘米、缘厚0.5厘米。

    桂林市安新洲出土。现藏桂林市文物工作队。

    六出葵瓣形、平顶圆柱形钮。钮外有八组八卦纹环列,顺时针排列顺序为乾(☰)、坎(☵)、艮(☶)、震(☳)、巽(☴)、离(☲)、坤(☷)、兑(☱)。素窄葵缘。

161.四神八卦纹菱花形铜镜

　　直径 13 厘米、缘厚 0.4 厘米。

　　2000 年征集于兴安县兴安镇。现藏兴安县博物馆。

　　八瓣菱花形、平顶桥形钮、花瓣纹钮座。钮座外环列四神，四神形态简单粗劣，玄武形象也难以看出龟蛇相交的形态。其外环列八卦纹，顺时针排列的次序为乾（☰）、坎（☵）、震（☳）、艮（☶）、兑（☱）、离（☲）、坤（☷）、巽（☴）。八卦的方位与四神的方位排列一致。素菱缘。

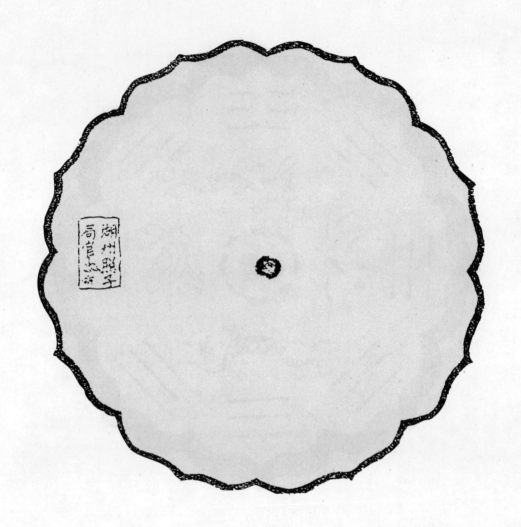

162. 湖州照子局菱花形铜镜

直径 24.4 厘米、缘厚 0.5 厘米。

1976 年藤县麻纺厂出土。现藏藤县博物馆。

八瓣菱花形、平顶圆钮。钮左侧近缘处有一长方形框，框内有二竖行楷书铭文"湖州照子局官□□"八字。素凸菱缘。

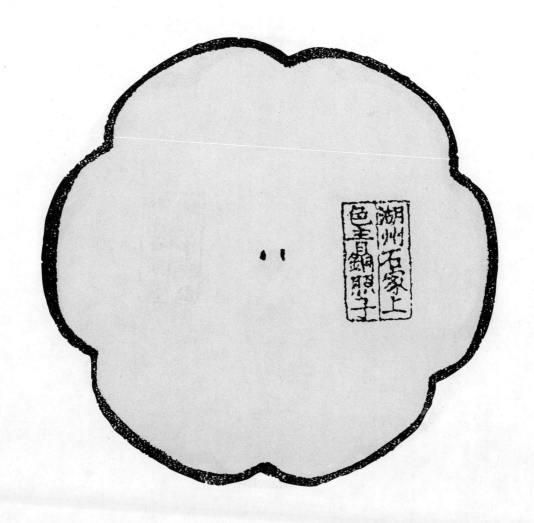

163．湖州石家上色铭葵瓣形铜镜

　　直径 16.4 厘米、缘厚 0.3 厘米。

　　1976 年容县陶器厂出土。现藏容县博物馆。

　　六出葵瓣形、小圆钮。钮外右侧有一长方形框，框内有二竖行楷书铭文"湖州石家上色青铜照子"十字。素窄葵缘。

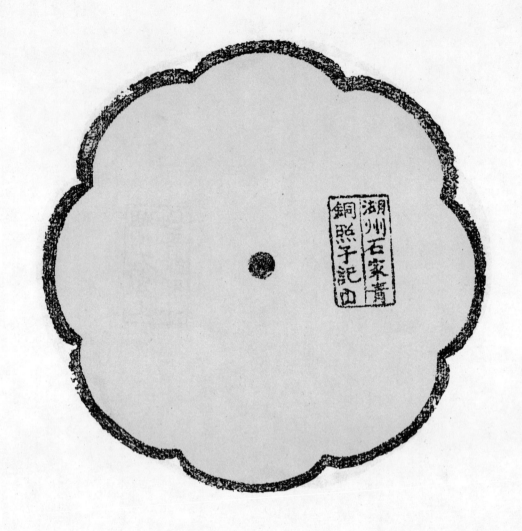

164. 湖州石家葵瓣形铜镜

直径 16.4 厘米、缘厚 0.3 厘米。

1976 年藤县供电所出土。现藏藤县博物馆。

八出葵瓣形、平顶小圆钮。钮的右侧有一长方形框，框内以一竖线条将框分为两竖格，格内铸二竖行楷书铭文"湖州石家青铜照子记田"十字。素葵缘。

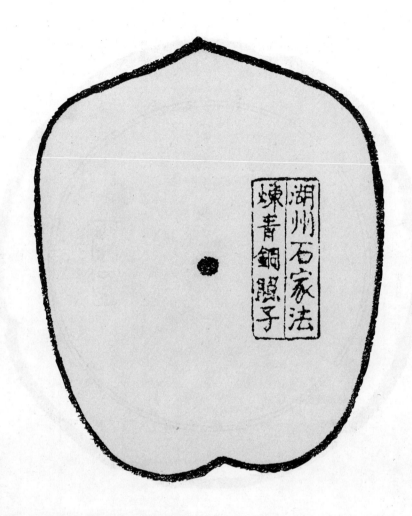

165. 湖州石家法炼盾形铜镜

长 10.9 厘米、宽 9 厘米、缘厚 0.35 厘米。

1984 年桂林市拣选。现藏桂林博物馆。

盾形、鼻钮。钮右侧有一长方形框，框内有两竖行楷书铭文，行距界以单线条，铭文为"湖州石家法炼青铜照子"十字。素窄缘。

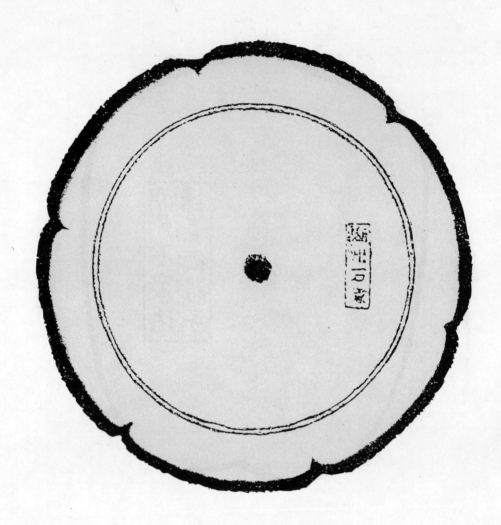

166. 湖州石家弦纹葵瓣形铜镜

　　直径 16.2 厘米、缘厚 0.3 厘米。

　　1982 年于钟山县兽医站征集。现藏钟山县文物管理所。

　　六出葵瓣形、圆钮。钮右侧有一长方形框，框内铸楷书铭文"湖州石家"四字。其外有一周双线弦纹。素葵缘。

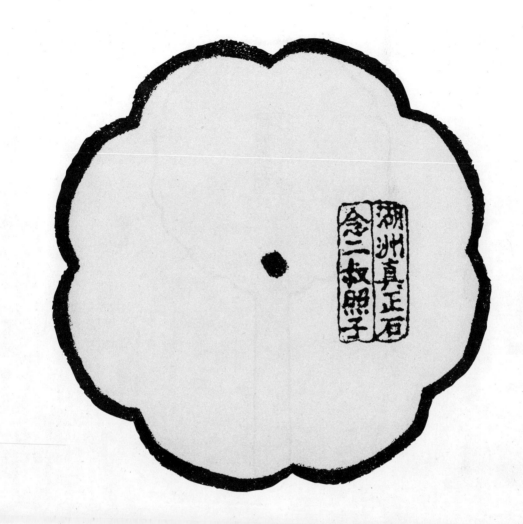

167. 湖州石念二叔葵瓣形铜镜

　　直径 13.25 厘米、缘厚 0.3 厘米。

　　1980 年贵港市西江农场出土。现藏贵港市博物馆。

　　八出葵瓣形、小圆钮。钮右侧有一长方形框，框内有二竖行楷书铭文"湖州真正石念二叔照子"十字。素葵缘。

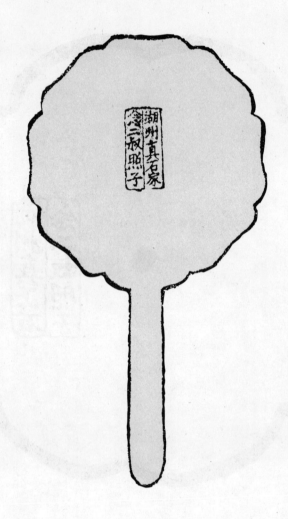

168. 湖州石家棱边带把铜镜

直径 12.3 厘米、通长 22 厘米、缘厚 0.4 厘米。

1976 年北流市农机供应站出土。现藏北流市博物馆。

八出棱边带把形。镜背中间有一长方形框，长方框内有两竖行楷书铭文"湖州真石家念二叔照子"十字。行间有一竖线分隔。方框外素地无纹。镜棱边与把棱边相连。素窄棱缘。

212

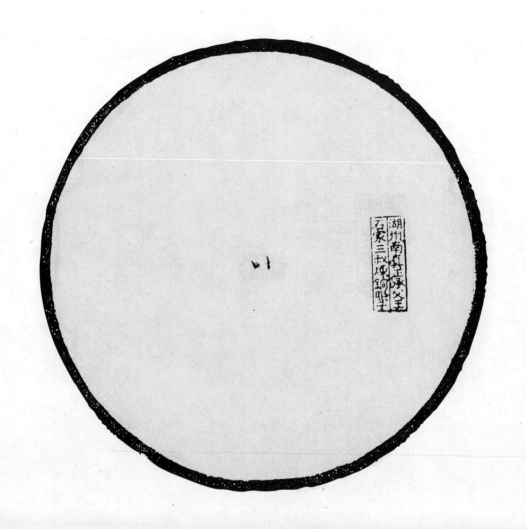

169. 湖州石家三叔铭铜镜

直径 20 厘米、缘厚 0.5 厘米。

1981 年桂平市西山出土。现藏桂平市博物馆。

圆形、钮残。钮右侧有一长方形框，框内有一单线分为两格，格内有两竖行楷书铭文"湖州南真正承父王石家三叔炼铜照子"十六字。素窄缘。

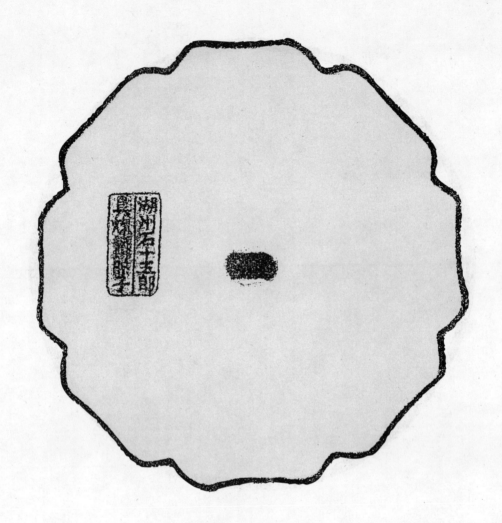

170.湖州石十五郎棱边形铜镜

　　直径 17.1 厘米、缘厚 0.6 厘米。

　　1987 年桂平市西山镇松柏岭出土。现藏桂平市博物馆。

　　八出棱边形、桥形钮。钮左侧一长方形框，框内有两竖行楷书铭文"湖州石十五郎真炼铜照子"十一字，行距有一单线条间隔。素窄棱缘。

214

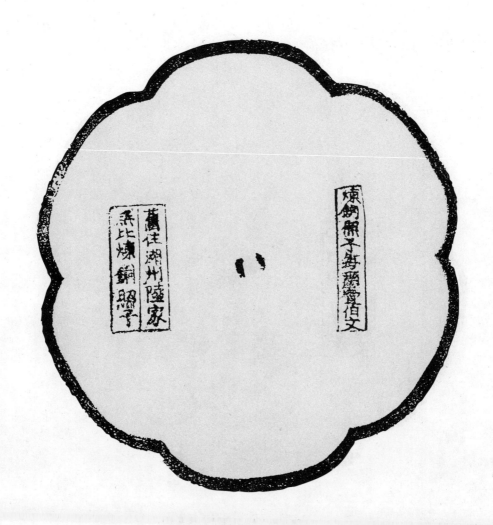

171. 湖州陆家铭葵瓣形铜镜

　　直径 15.9 厘米、缘厚 0.4 厘米。

　　1932 年兴安县宋塔出土。现藏广西壮族自治区博物馆。

　　六出葵瓣形、小圆钮（残）。钮的左右两侧各有一长方形框，框内有一竖行和二竖行楷书铭文。左侧的铭文为"旧住湖州陆家，无比炼铜照子"十二字；右侧铭文为"炼铜照子每两壹佰文"九字。素窄葵缘。

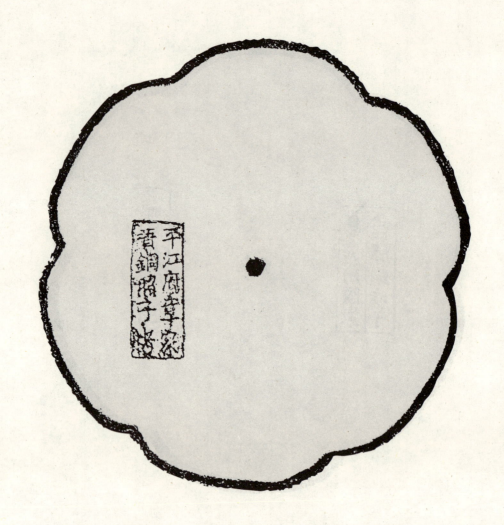

172. 平江章家铭葵瓣形铜镜

　　直径 14.9 厘米、缘厚 0.4 厘米。

　　1995 年藤县胜西横岗岭矿场出土。现藏藤县博物馆。

　　六出葵瓣形、小圆钮。钮左侧有一长方形框，框内有两竖行楷书铭文，铭文为"平江府章家青铜照子□"十字。素窄葵缘。

173. 永保存用铭菱花形铜镜

直径 24.4 厘米、缘厚 0.7 厘米。

1991 年来宾县兴宾区城厢乡水南街月亮岭宋墓出土。来宾县文物管理所二级藏品。

十二瓣菱花形、平顶小圆钮。钮外一道弦纹圈与二道弦纹圈之间以"十"字线平均分为四格，四格内各铸一篆体铭文，按上下右左的十字读法为"永保存用"四字。素菱缘。

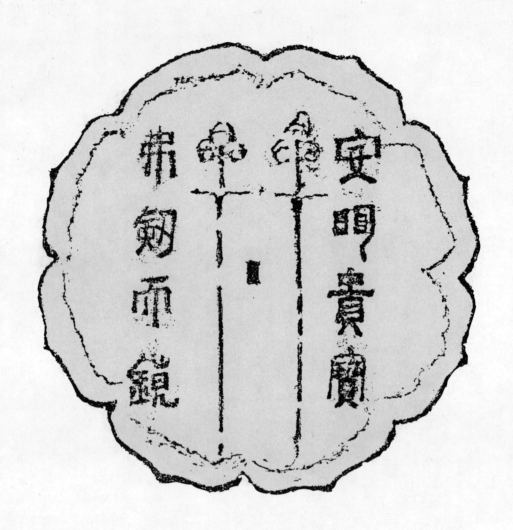

174. 安明双剑纹菱花形铜镜

　　直径 17 厘米、缘厚 0.4 厘米。

　　1979 年桂林市废品公司拣选。现藏桂林博物馆。

　　八瓣菱花形、小鼻钮。钮两侧为两把并列的宝剑，剑把在上，剑尖向下，剑首为三叠云头纹，剑格细长，两剑格相连。两剑外侧各有一行铭文"安明贵宝"和"弗剑而镜"。重瓣菱缘。

218

175. 水银阴精铭宫扇形铜镜

　　直径 7.2 厘米、缘厚 0.3 厘米、通长 13.2 厘米。

　　1993 年恭城县莲花乡枧头村出土。现藏恭城瑶族自治县文物管理所。

　　圆形带把宫扇形、把端瓶形。镜边与把边棱相连。镜背中央有一双耳、直腹、三足的鼎式炉纹。其外环绕篆体阳文"水银阴精，保命长生"八字铭。素窄缘。

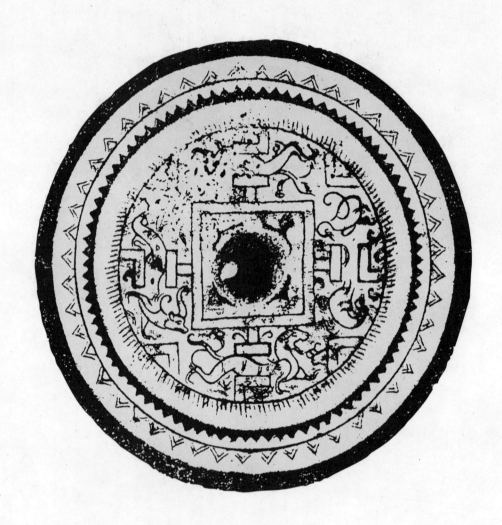

176. 仿汉博局禽兽纹铜镜

　　直径 10.7 厘米、缘厚 0.4 厘米。

　　1932 年兴安县宋塔出土。现藏广西壮族自治区博物馆。

　　圆形、圆钮、柿蒂四叶纹钮座。座外凹面双线方格，格外博局纹将内区分为四方八极，分别配置青龙、独角兽、白虎、两禽鸟。其外为短斜线纹一周。锯齿纹和双线波纹内缘，素窄外缘。

220

177. 仿汉龙虎对峙纹铜镜

直径 9.5 厘米、缘厚 0.65 厘米。

1986 年北流县勾漏村宋墓出土。现藏北流市博物馆。

圆形、圆钮、圆钮座。钮外为浮雕式一龙一虎夹钮对峙。龙虎均张口露舌，身躯弯曲，龙鳞圆突，部分身躯压在钮下。其外有短斜线纹一周。锯齿纹和波纹缘。

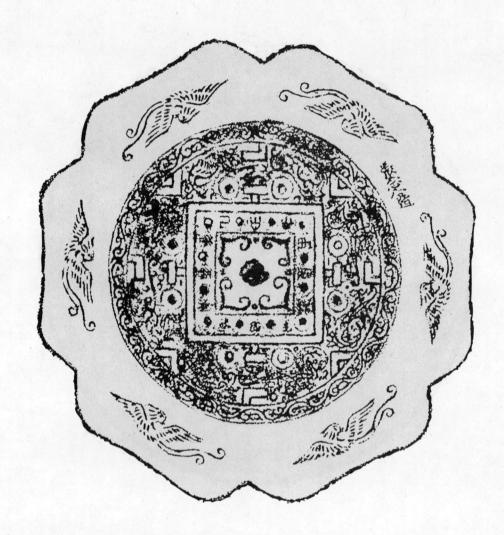

178．仿汉八子博局纹棱边形铜镜

　　直径 17.8 厘米、缘厚 0.5 厘米。

　　桂林市派出所移交。现藏桂林市文物工作队。

　　六棱边形、平顶小圆钮、叶形云纹钮座。座外双线方格与凹面方格之间为十二孙纹与十二地支铭相间。方框外为八个子纹和博局纹划分的四方八极，其中分别配以朱雀、玄武及其他禽兽。其外为一周连续云气纹。六边缘内有六只回首展翅环飞的凤鸟，其中两凤鸟间铸有楷书铭文"张念八造"四字。素窄棱缘。

179.仿汉八子博局纹葵瓣形铜镜

直径 13.5 厘米、缘厚 0.4 厘米。

1975 年兴安县石马坪出土。现藏兴安县博物馆。

六出葵瓣形、平顶圆钮、四叶纹钮座。座外凹面双线方框内为十二孙纹与十二地支铭文相间环列。方框外带圆座的八个子纹和博局纹划分的四方八极内分别为青龙配禽鸟、白虎配两短角兽、朱雀配独长角兽、玄武配羽人。其外一周为短斜线纹。锯齿纹和连续云气纹内缘，素窄葵外缘。

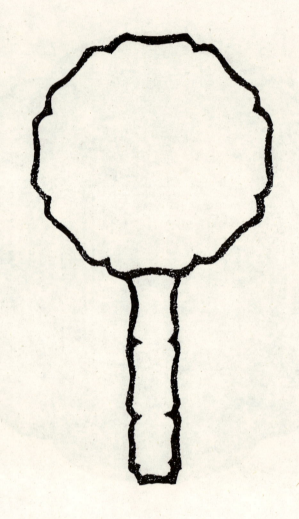

180. 棱边带把素地铜镜

　　直径 14.1 厘米、通长 26 厘米、缘厚 0.5 厘米。

　　1984 年融水县城文化馆出土。现藏融水县博物馆。

　　八出棱边形带把，镜棱边与把棱边不相连。镜背光素无纹。高凸素棱曲缘和高凸素棱曲边把。

224

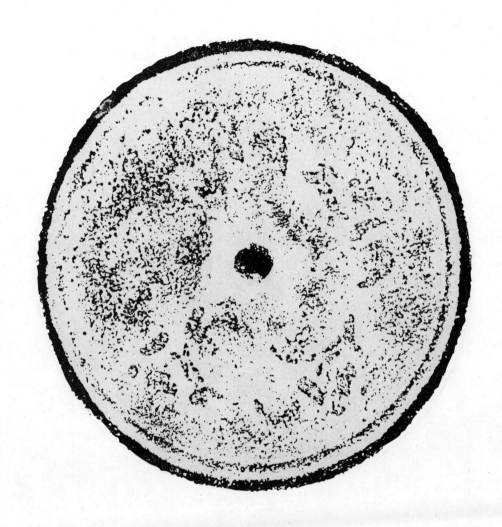

181. 圆形素面铜镜

　　直径 8.7 厘米、缘厚 0.2 厘米。

　　1932 年兴安县宋塔出土。现藏广西壮族自治区博物馆。

　　圆形、小圆钮、钮外素面无纹。近缘处有一圈凸弦纹。素窄缘。

182. 胡东有双凤牡丹纹铜镜

直径 16.1 厘米、缘厚 0.6 厘米。

桂林博物馆旧藏。

圆形、平顶小圆钮、六瓣形云纹钮座。座外二周单线弦纹将镜背分为内、中、外三区。内区两只同形长尾凤鸟转体回首夹钮相对飞翔。中区满铺缠枝牡丹纹,与钮相对的上、下方中部各有一长方形框,框内有一竖行和一横三竖行铭文。上框铭文为"上等端正青铜镜"七字;下框铭文为"吉安路城隍庙下礼巷内住胡东有作"十五字。外区为缠绕式蔓草纹。直角式素窄高缘。

226

183. 胡东有缠枝牡丹纹铜镜

直径 18.2 厘米、缘厚 0.7 厘米。

1991 年柳州市思柳轩文物商店拨交。现藏柳州市博物馆。

圆形、平顶长方形钮、瓣纹钮座。座外两圈素地圈带纹之间夹一圈缠绕式蔓草纹。其外一圈较大的缠枝牡丹花纹与钮相对的上下方缠枝牡丹中各有一长方形框，框内有一竖行或一横三竖行楷书铭文。上框一竖行铭文锈蚀不清，下框一横三竖行铭文隐约可见"吉安路城隍庙下礼巷内住胡东有作"十五字。双线素凹圈卷缘。

184. 宫铭人物多宝纹大铜镜

直径 32.5 厘米、缘厚 1.3 厘米。

1993 年河池公安局移交。现藏河池市文物管理站。

圆形、圆钮、圆钮座。座饰变形灵芝祥云纹。座外纹饰自上而下排列。钮的最上方中部有一戴冠长须坐于祥云上的老者，旁为仙鹤、灵芝、犀角及浮云托起的仙亭等；钮上部一浮云托起的仙鹿，鹿的后下方铸一"宫"字铭；两侧为浮云承着的仙人、飞禽、法螺、宝葫等。钮两边为浮云承托的仙人、香炉、方胜、珊瑚等。钮下有一画卷、香炉，两侧及以下为人物、宝盆、珊瑚、宝瓶、麒麟、犀角、方胜等杂宝。其外有弦纹一周。素宽平缘。

228

185. 重圈梵文铜镜

　　直径 8.7 厘米、缘厚 0.45 厘米。

　　1980 年灌阳县废旧收购部拣选。现藏灌阳县文物管理所。

　　圆形、平顶圆柱形钮。钮顶平面圆圈内饰一梵文。钮外以一圈单线弦纹将镜背分为内外两区，内区饰一圈梵文共十六字，外区饰一圈梵文共二十字，内容为经咒。素窄缘。

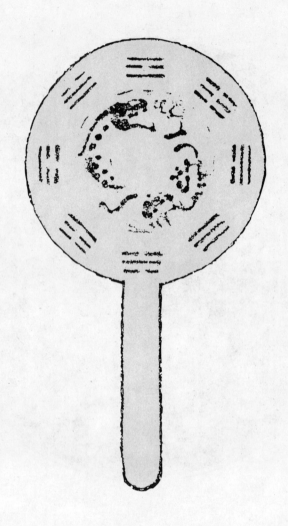

186.双龙八卦纹宫扇形铜镜

直径 11.6 厘米、通长 20.8 厘米、缘厚 0.65 厘米。

1976 年以前捐赠。现藏桂林博物馆。

圆形带把的宫扇形,镜凸边与把边相连。一圈弦纹(不甚清晰)将镜背分为内外两区。内区为浮雕式龙纹环绕一圈,龙为独角张嘴,鳞甲圆突。外区为八卦环列,八卦顺时针排列的顺序为离(☲)、坤(☷)、兑(☱)、乾(☰)、坎(☵)、艮(☶)、震(☳)、巽(☴)。素窄缘。

230

187．双鱼纹铜镜

　　直径 11.6 厘米、缘厚 0.65 厘米。

　　1995 年田阳县田州镇凤马村征集。现藏田阳县博物馆。

　　圆形、银锭钮。钮两侧各饰一鲤鱼，二鱼首尾相对配置，粗鳞圆眼，胸鳍尾鳍张开，甩尾展鳍，呈同向环钮游动状。双线素凹圈卷缘。

188. 洪武二十二年云龙纹铜镜

　　直径 10.3 厘米、缘厚 0.5 厘米。

　　1960 年征集。现藏广西壮族自治区博物馆。

　　圆形、山形钮。钮右一龙飞腾于云中，龙首在钮下，身躯蜿蜒蟠曲于钮右，龙尾在钮上，前肢伸张，一后肢与尾相缠，另一后肢仅露出五爪。龙的周围云雾缭绕，钮的左侧近缘处一长方形框内有篆书铭文"洪武二十二年正月日造"十字。素宽缘。

189. 四人多宝纹铜镜

直径 13.6 厘米、缘厚 0.8 厘米。

1976 年兴安县兴安镇出土。现藏兴安县博物馆。

圆形、银锭钮。纹饰由上而下多层次排列。最上方的中部为一层展翅曲颈飞翔的仙鹤，两侧饰犀角。第二层中为聚宝盆，两侧为灵芝和犀角。第三层钮两侧各有两人，其中左侧两人双手持物面向中心，一人身前有银锭和宝珠，另一人身前有梅花和宝珠。右侧两人亦面向中心，外一人为手提灯笼的侍者，身前有银锭和宝珠；另一人吹箫，身前有梅花和宝珠。第四层中部钮下一香炉，两侧为灵芝和宝珠。第五层中部为一仙鹿，两侧为犀角。双线素凹圈卷缘。

190. 朝阳鸣凤纹铜方镜

边长 12.4 厘米、边厚 0.4 厘米。

1976 年以前湖南省博物馆捐赠。现藏桂林博物馆。

方形、无钮、镜心部分下凹。镜的左侧为一株自下边缘中部斜伸向左上角的古树，左上角的树干旁有一个圆形的太阳。一只凤凰右足站立树干上，左足提起悬三爪于腹下，身躯朝右，启翅弯尾，曲颈回首与日相望，呈开口鸣叫状。其外为四边折角的错叠形方格纹。镜边饰花卉纹。

191. 人物星辰纹铜镜

　　直径 8.6 厘米、缘厚 0.5 厘米。

　　柳州市博物馆旧藏。

　　圆形、桥形钮。钮的上部近缘处有线条连接的三个圆圈形的星辰纹。星辰纹下于钮的左右两侧各站立一人。左侧一人为男性，身着束腰长衣，胸前两手似执一曲折条状物，昂首侧脸而站，面向钮右侧的一女性。女性头戴冠，着圆袖长罗衣，两手置腹前，背向镜钮，侧脸回首，呈窥视男性状。其故事内容不详。其外有一圈弦纹。双线素凹圈卷缘。

235

192．月样团圆铭文铜镜

直径 10.5 厘米、缘厚 0.4 厘米。

1960 年购买。现藏广西壮族自治区博物馆。

圆形、银锭钮。钮外双钩线菱花形开光将镜背分为内外两区。内区即菱形开光内有九竖行楷书铭文。铭文自右至左为"月样团圆水样清，好将香阁伴闲身；青鸾不用羞孤影，开匣当如见故人"二十八字。菱花开光外的外区四边各饰一花枝纹。双线素凹圈卷缘。

193. 百岁团圆铭文宫扇形铜镜

　　直径 13.9 厘米、通长 23.1 厘米、缘厚 0.4 厘米。

　　1976 年梧州市出土。现藏梧州市博物馆。

　　圆形带把宫扇形，镜缘与镜把平连，把端瓶形。镜背中央有一长方形框，框内有一横
行和二竖行楷书铭文"湖州薛仰峰造"六字。其外上下左右各有一方框，框内各有一楷书
铭文，连读为"百岁团圆"。素宽缘。

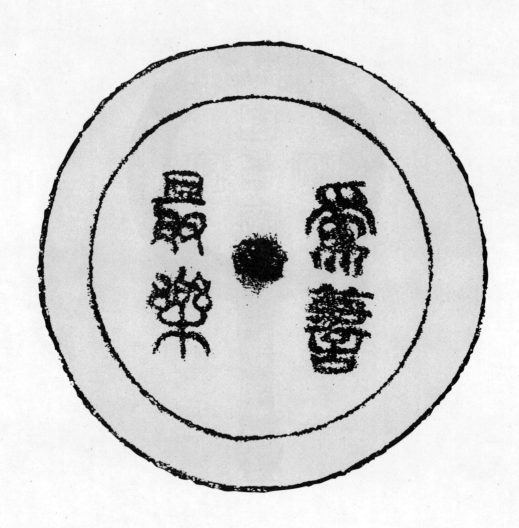

194. 为善最乐铭文铜镜

直径8.4厘米、缘厚0.4厘米。

1985年征集于灵山县灵城镇。现藏灵山县博物馆。

圆形、圆钮。钮的左右两侧各有一竖行二字铭，字为阳文篆体，自右至左连读为"为善最乐"。双线素凹圈卷缘。

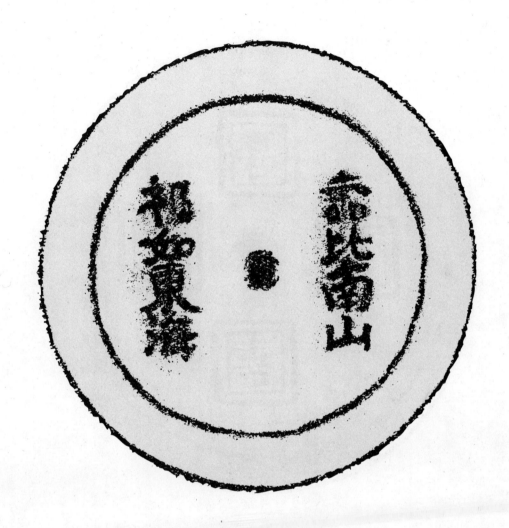

195. 寿比南山铭文铜镜

　　直径 8.3 厘米、缘厚 0.3 厘米。

　　1984 年征集于桂平市桂平镇。现藏桂平市博物馆。

　　圆形、平顶小圆钮。钮外左右对称各有一竖行阳文楷书，右边为"寿比南山"四字，左边为"福如东海"四字。双线素凹圈卷缘。

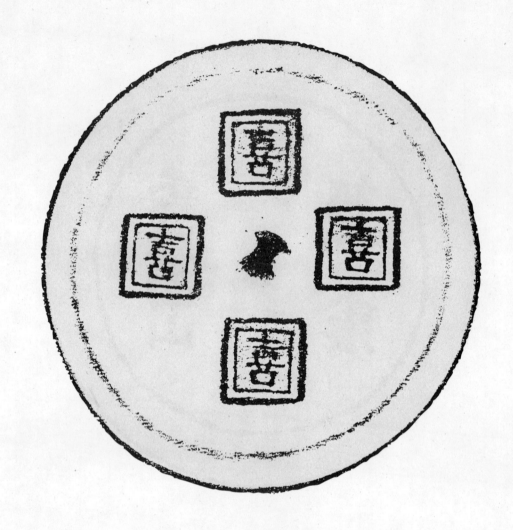

196. 四喜铭文铜镜

　　直径 13 厘米、缘厚 0.6 厘米。

　　1982 年蒙山县河西收购部拣选。现藏蒙山县文物管理所。

　　圆形、圆钮。钮外上下左右各有一凸起的双线方框，框内各有一"喜"字铭文。双线素凹圈卷缘。

197. 喜生贵子铭文铜镜

直径 13.1 厘米、缘厚 0.6 厘米。

1992 年容县松山镇三合村征集。现藏容县博物馆。

圆形、平顶小圆钮。钮的上下左右各铸有一宽凸方框，框内各有一字铭文，按上下右左顺序连读，合为"喜生贵子"四字，字体规整。双线素凹圈卷缘。

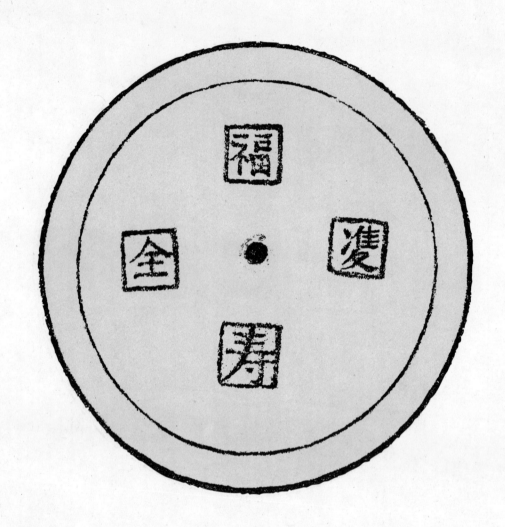

198. 福寿双全铭文铜镜

　　直径 10.6 厘米、缘厚 0.45 厘米。

　　1980 年灌阳县城关镇废旧门市部拣选。现藏灌阳县文物管理所。

　　圆形、平顶小圆钮。钮的上下左右各铸一方形框，框内各铸一楷书铭文，按上下右左合为"福寿双全"四字。双线素凹圈卷缘。

242

199. 状元及第铭文铜镜

　　直径 13.1 厘米、缘厚 0.7 厘米。

　　1979 年在灌阳县灌阳镇征集。现藏灌阳县文物管理所。

　　圆形、平顶小圆钮。钮的上下左右各铸一方框，框内各有一楷书铭文，以上下右左合为"状元及第"四字。双线素凹圈卷缘。

200．五子登科多宝纹铜镜

　　直径 23.8 厘米、缘厚 0.7 厘米。

　　1976 年梧州市冶炼厂拣选。现藏梧州市博物馆。

　　圆形、平顶圆钮。钮外环饰鲤鱼、画卷、宝钱、火珠。其外上下左右各有一方框，框内各有一楷书铭文，合为"五子登科"四字。每两字之间分别饰以书籍与灵芝、祥云与艾叶、吉磬与蕉叶、葫芦与法螺等。双线素凹圈卷缘。

201．五子登科杂宝纹铜镜

　　直径 20.6 厘米、缘厚 0.45 厘米。

　　1988 年在靖西县魁圩征集。现藏靖西县壮族博物馆。

　　圆形、平顶圆钮。钮外为葫芦、火珠、宝钱和画卷等四宝环列。其外上下左右各有一方框，框内各有一楷书铭文，合为"五子登科"四字。每两字之间分别饰以祥云、法螺、蕉叶和菊花等。双线素凹圈卷缘。

202. 湖州五子登科铭文铜镜

直径 17 厘米、缘厚 0.7 厘米。

1988 年凌云县冶炼厂拣选。现藏凌云县博物馆。

圆形、平顶圆柱形钮。钮顶平面上铸有宽边圆圈，圈内铸有楷书铭文"湖州薛益晋"五字。在钮的上下左右各有一个四花瓣形方框，花瓣形框内各有一楷书铭文，按上下右左连读为"五子登科"四字。素宽平缘。

203. 万历慕云铭文铜镜

直径 10.5 厘米、缘厚 0.4 厘米。

1961 征集。现藏广西壮族自治区博物馆。

圆形、银锭钮。钮的上下和左右两侧各有楷书三字铭，合为"慕云□万历年丙申造"九字。"万历"是明神宗朱翊钧的年号，"丙申"是明万历二十四年（公元 1596 年），为铸镜时间。素窄卷缘。

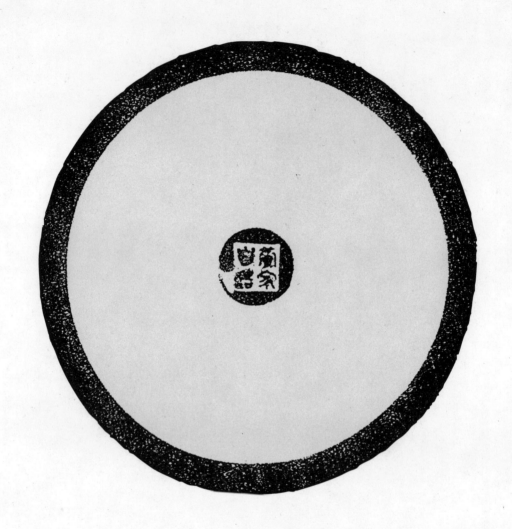

204. 黄家自造铭文铜镜

　　直径 10.6 厘米、缘厚 0.5 厘米。

　　1984 年征集。现藏桂平市博物馆。

　　圆形、平顶圆柱形钮。钮顶的平面上铸有方形印章式铭文，印铭为篆体阳文"黄家自造"四字。钮外素面无纹。素宽内斜面缘。

248

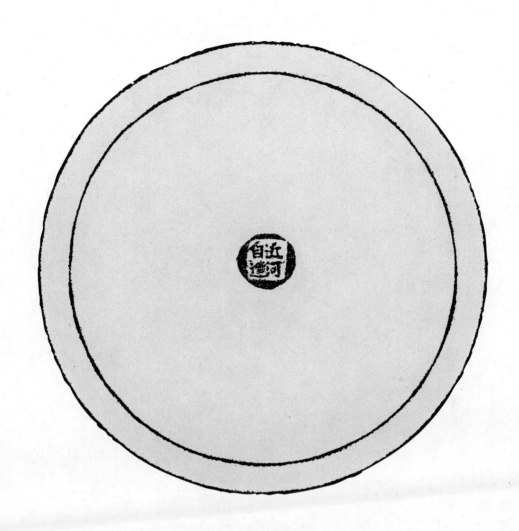

205.近河自造铭文铜镜

　　直径 8.8 厘米、缘厚 0.44 厘米。

　　1981 年柳州市理卡废旧仓拣选。现藏柳州市博物馆。

　　圆形、平顶圆柱形钮。钮顶的平面上有一方形印章，印铭为楷体阳文"近河自造"四字。钮外素地无纹。双线素凹圈卷缘。

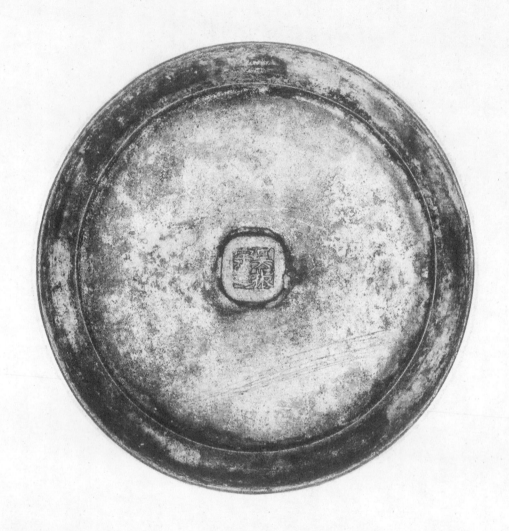

206. 吴振宇造铭文铜镜

   直径 13.3 厘米、缘厚 0.8 厘米。

   1983 年桂林市文物商店拨交。现藏桂林博物馆。

   圆形、平顶方圆钮。钮顶的平面上有一方形印章，印铭为楷体阳文"吴振宇造"四字。钮外素地无纹。双线素凹圈卷缘。

207．薛奇亭造铭文铜镜

　　直径 12 厘米、缘厚 0.3 厘米。

　　1982 年柳州市里卡三仓拣选。现藏柳州市博物馆。

　　圆形、平顶圆柱形钮。钮顶的平面上有一方形印章，印铭为楷体阳文"薛奇亭造"四字。钮外素地无纹。素窄卷缘。

208．薛怀泉造铭文铜镜

直径 16.85 厘米、缘厚 0.8 厘米。

柳州市博物馆二级藏品。

圆形、平顶圆柱形钮。钮顶上的平面有一方形印章装饰，印铭为楷体阳文"薛怀泉造"四字。钮外素地无纹。双线素凹圈卷缘。

209. 仿汉周记八子博局纹铜镜

直径 13.6 厘米、缘厚 0.65 厘米。

1975 年玉林市大平山高基村明墓出土。现藏广西壮族自治区博物馆。

圆形、平顶圆钮、柿蒂四叶纹钮座。座外凹面双线方框，框外带圆座的八个子纹和博局纹将纹饰分成四方八极，分别配以线条式青龙、白虎、朱雀、玄武四神以及青蛙和其它禽兽。其中饰以白虎与青蛙之间的 L 纹位置上有两个一小一大的双圆圈纹，圈内各有一楷书铭文"周""记"二字戳印。其外为一周短斜线纹。锯齿纹和连续云气纹缘。

210. 仿汉李寿八子博局纹铜镜

直径 16.6 厘米、缘厚 0.45 厘米。

1985 年桂平市紫荆镇茶地村出土。现藏桂平市博物馆。

圆形、平顶圆钮、柿蒂四叶纹钮座。座外一单线方框与一凹面双线方框之间，饰带圆座的十二个孙纹，其间以十二地支铭文方折环列。双线方框外带圆座的八个子纹及博局纹将纹饰划分为四方八极，其间配置线条式青龙、白虎、朱雀、玄武和禽兽等。方框两对边中部的 T 纹分别被一圆圈楷书"李"字和一长方形九叠篆文"寿"字戳印所取代。外区铭文为"尚方御竟（镜）大毋伤，巧工刻之成文章，左龙右虎辟不羊（祥），朱雀玄武顺阴阳，子孙备具居中央，二亲乐富如庆王"四十二个篆字。其外有短斜线纹一周。两周锯齿纹夹一周波纹缘。

211. 仿汉苏州八子博局纹铜镜

  直径 15.5 厘米、缘厚 0.5 厘米。

  1977 年梧州市河西淀粉厂出土。现藏梧州市博物馆。

  圆形、平顶圆钮、圆钮座。座与其外的凹面双线方框之间，内切的双弦纹圈内有带圆座的八个孙纹与三叠式云纹相间环列，圈外方框内四角各有一组云纹。方框外的博局纹间饰以带圆座的八子纹和线条式的龙、虎、兔、蛇纹。在左右两边的 **T** 纹外各有一长方形框，框内有一竖行铭文。左框铭文为楷书"苏州曹家造"五字；右框铭文不清。外区铭文为"汉有善铜出丹阳，和已银锡清且明，左龙右虎竟（镜）"十九字，铭文带外有一周短斜线纹。锯齿纹和云气纹缘。

212. 仿汉四子神人画像纹铜镜

　　直径 19.9 厘米、缘厚 1.1 厘米。

　　2001 年灵川县大圩镇熊村出土。现藏灵川县文物管理所。

　　圆形、圆钮、小平顶圆钮座。座外围以一周孙纹圈带和两周弦纹。主纹以四个带圆座和一圈孙纹的子纹将纹饰分为四区。其中左区为青龙，右区为博山炉，上下两区为端坐的东王父、西王母。神像和博山炉的两旁各有一位侧身低头、弯腰跪地的侍者。外区铭文为"□氏作镜兮真大好，上有东王父西王母，仙人子乔，赤踊（松）子□□□□□□二□兮，保孙子多"。另外，铭文带内在两神人对应的位置上各有一圆形戳印和一长方框，两圆形戳印内均为一"吕"字，长方框内的铭文不清。铭文带外有一周短斜线纹。锯齿纹和变形云纹缘。

256

213. 仿六朝四子神人画像纹铜镜

　　直径 15.5 厘米、缘厚 0.8 厘米。

　　1979 年桂林市废品仓拣选。现藏桂林博物馆。

　　圆形、小平顶圆钮、四叶纹钮座。座外为方框，方框四角外四个带圆座的子纹将纹饰分为四区，其中隔钮相对的二区内一区饰龙，一区饰虎，另二区均为一神二侍，二侍为羽人。其外为短斜线纹一周。素凹圈卷缘。

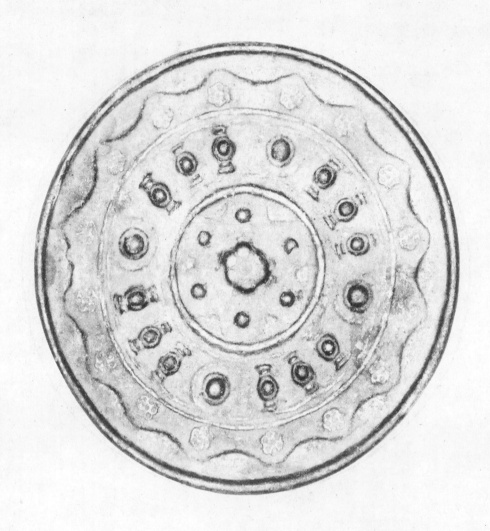

214. 仿汉四子十二孙纹铜镜

　　直径 6.75 厘米、缘厚 0.35 厘米。

　　1977 年贵港市收购部拣选。现藏贵港市博物馆。

　　圆形、子孙纹钮。钮外两圈双弦纹将镜背分成内、中、外三区。内区六个孙纹与六云纹相间绕钮环列。中区以带圆座的四个子纹将纹饰分为四小区，每小区饰三个带花瓶形座的孙纹，寓意子孙平安。外区为内向十六连弧纹一周，每两个连弧纹间各有一朵六瓣形花纹。素窄卷缘。

258

215. 仿汉四子简化博局纹铜镜

直径 12 厘米、缘厚 0.45 厘米。

1971 年桂林市东郊七里店迁坟时出土。现藏桂林博物馆。

圆形、小平顶圆钮、圆钮座。座外一凹面双线方框内有一切弦纹圆。框外简化博局纹中的 T、L 纹和带圆座的四个子纹，将纹饰分为四方八极。其中隔钮相对的两方各有行书铭文二字，右边为"潘氏"，左边为"灵芝"；另两方则配以龙、虎及其它兽纹，与龙相对的一侧铸一带圆圈的楷书"马"字戳印。其外有一周短斜线纹。几何形云纹缘。

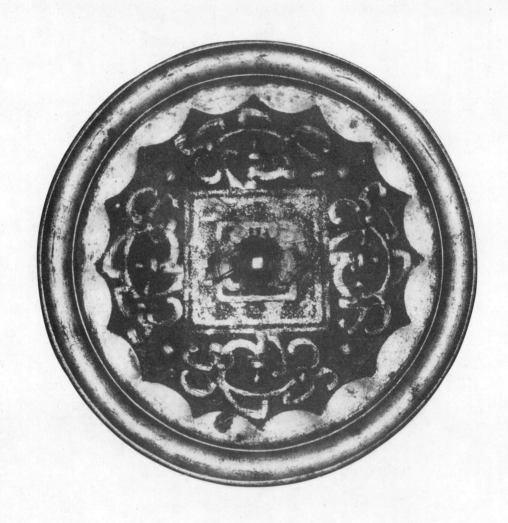

216. 仿汉四子蟠螭连弧纹铜镜

　　直径 14.9 厘米、缘厚 0.4 厘米。

　　1980 年征集于桂平市桂平镇。现藏桂平市博物馆。

　　圆形、平顶桥形钮。座外一单线方格与一双线方格之间的铭文不清。方格四角外以四个子纹将纹饰分为四区，每区一组蟠螭纹。其外为内向十六连弧纹一周。双线素凹圈卷缘。

260

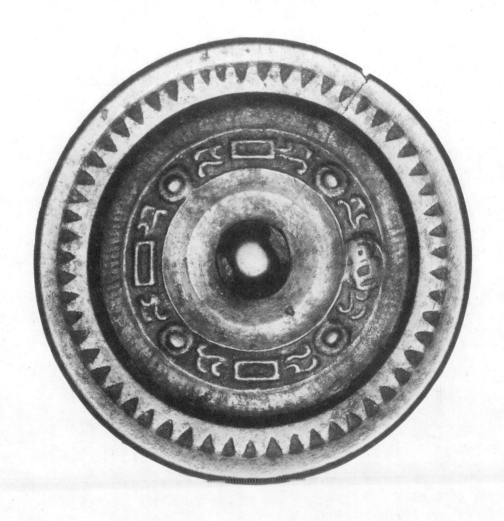

217. 仿汉四子简化博局纹铜镜

直径 6.9 厘米、缘厚 0.4 厘米。

1983 年在平南县大坡圩征集。现藏平南县博物馆。

圆形、平顶圆钮。钮外有一周双线凹圈形，其外四个带圆座的子纹将纹饰等分为四区，每区中部一个由博局 T 形纹简化而来的长方框形，框外两端各有三叠式云纹，其中一长方框纹之上，叠压着一个外带圆圈的楷书"吕"字戳印。外区有一周短斜线纹。锯齿纹缘。

218. 光绪新造四出钱纹铜镜

直径 8.2 厘米、缘厚 0.1 厘米。

1982 年柳州市五里卡三仓拣选。现藏柳州市博物馆。

圆形、长方形钮。钮外阴刻四出钱纹，四出钱纹弧线内各阴刻一楷书铭文，按上下右左的十字读法，合为"光绪新造"四字。素平缘。

219. 光绪新造变形兽纹铜镜

直径 9.3 厘米、缘厚 0.12 厘米。

1979 年平南县武林镇土产仓拣选。现藏平南县博物馆。

圆形、平顶圆柱形钮、叶瓣纹钮座。座外一粗凸线方框，方框与其外的两圈凸粗弦纹之间，每边饰一图案化变形兽纹。其中在相对两边的变形兽纹上各阴刻行书两字，合为"光绪新造"四字。其外为锯齿纹和三角形纹各一周。素宽平缘。

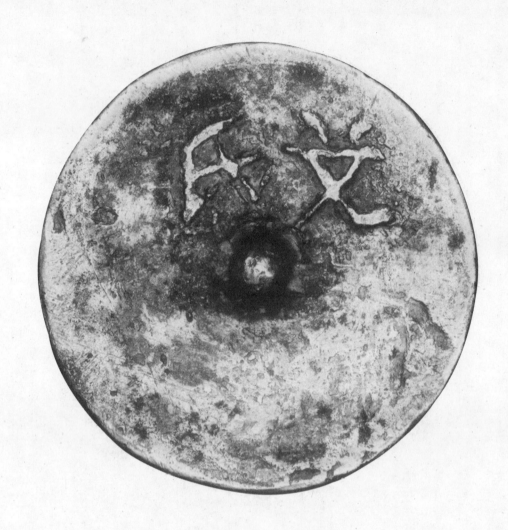

220．文氏铭文铜镜

直径4.3厘米、缘厚0.15厘米。

柳州市博物馆旧藏。

圆形、小圆钮。钮上方有楷书铭文"文氏"二字。素窄卷缘。这种铸造简单粗糙、书法不甚讲究的姓氏镜或纪年镜，一般多出自文化有限的匠人之手。

221. 湖郡薛晋候造铜方镜

    边长 10.1 厘米、边厚 0.3 厘米。

    桂林博物馆旧藏。

    方形、无钮。四周有凸起的素宽边，镜心内有四竖行隶书铭文"方正而明，万里无尘，水天一色，犀照群伦"十六字，铭文后还有圆章和方章各一枚。其中圆章内有篆体阳文"湖郡"二字，方章内有篆体阳文"薛晋候造"四字。素凸宽边。

222. 月宫纹双足架铜镜

直径 6.8 厘米、通长 10.5 厘米、缘厚 0.6 厘米。

1988 年凌云县城市场征集。现藏凌云县博物馆。

圆形、双足架。镜下方近缘处有并列长条桥形双钮。钮的右上方有一桂花树,枝叶自右向左伸展,钮上方的树阴下为一平台,台上有竖耳翘尾直立的玉兔手握杵杆,正往鼎式容器施杵,应是表现月宫中桂树繁茂、玉兔捣药的内容。镜为三弦纹缘。镜下边缘与一镂空云纹八字形双足镜架相连。整体构图呈现一幅"祥云捧月"的美妙夜景。

266

223. 光绪新造百子千孙铭铜镜

　　直径 10.8 厘米、缘厚 0.15 厘米。

　　1965 年梧州市物资局拣选。现藏梧州市博物馆。

　　圆形、平顶小圆钮。钮外有一圈弦纹。弦纹圈内上下左右各有一阴刻行书铭文，合为"光绪新造"四字，字间缀有花瓣纹。其外的上下左右也各阴刻一行书铭文，合为"百子千孙"四字，字间夹一荷花。最外为三角形纹和弦纹各一周。素缘。

224. 五子登科四宝纹铜镜

  直径 18 厘米、缘厚 0.3 厘米。

  1958 年梧州市文物局移交。现藏梧州市博物馆。

  圆形、小圆钮。钮外双龙纹环绕，双龙外围以凸起的弦纹圈。圈外上下左右各有一方框，框内各有一楷书铭文，以上下右左为序，合为"五子登科"四字，字与字之间分别配以葫芦、书籍、方胜及火珠等宝物。双线素凹圈卷缘。

225. 五子登科大雁纹铜镜

直径 16.2 厘米、缘厚 0.5 厘米。

1983 年拣选。现藏桂平市博物馆。

圆形、平顶圆钮。钮外有双龙环绕，龙外围以凸起的弦纹圈。圈外上下左右各有一个凸起的方框，框内各有一楷书字铭，按上下右左的十字读法为"五子登科"四字。各字之间饰一高飞的大雁。双线素凹圈卷缘。

226.五子登科大雁纹铜镜

　　直径12.7厘米、缘厚0.25厘米。

　　1958年梧州市文教局移交。现藏梧州市博物馆。

　　圆形、平顶圆钮。钮外双龙环绕，龙外围以凸起的弦纹圈。圈外上下左右各有一个凸起的方框，框内各有一楷书铭文，以上下右左为序，合为"五子登科"四字。每两字之间饰一高飞的大雁。素窄缘。

227. 丁财贵寿四出钱纹铜镜

直径 8.4 厘米、缘厚 0.03 厘米。

1981 年桂平市桂平镇拣选。现藏桂平市博物馆。

圆形、长方形小钮。钮外阴刻四出钱纹，钱纹每边的弧线内各阴刻一楷书铭文，按上下右左的十字连读法，合为"丁财贵寿"四字。其外阴刻弦纹一周。素窄缘。

228. 云纹圆珠纹铜镜

　　直径 22.3 厘米、缘厚 0.6 厘米。

　　1994 年柳州铁路局公安处移交。现藏柳州市博物馆。

　　圆形、扁圆形无穿假钮、圆钮座。座外主纹饰以对称配置的四朵线条式桃形云纹，其外一圈十六圆珠纹，近缘一侧有后加的并列的两个小穿孔。素窄斜边凸缘。

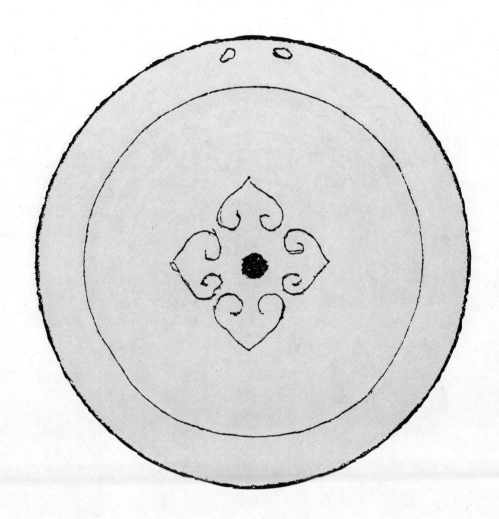

229. 云纹铜镜

    直径 20.2 厘米、缘厚 0.5 厘米。

    1994 年柳州铁路局公安处移交。现藏柳州市博物馆。

    圆形、扁圆无穿假纹。钮外四朵桃形云纹对置环列，近缘处有一圈弦纹，内边缘有后加的并列的两个小穿孔。素窄斜边凸缘。

230．同治仿汉四子博局纹铜镜

　　直径 11.8 厘米、缘厚 0.3 厘米。

　　1986 年征集于灵山县灵城镇。现藏灵山县博物馆。

　　圆形、圆钮。钮外有一阴线方格纹。方格外为带圆座的四个子纹和博局纹等，方格左右两边各铸一长方形框，框内铸一竖行阳文楷书铭文。右边铭文为"同治新造"四字，左边框内铭文不清。其外一圈铭文不清。锯齿纹和流云纹缘。

231. 高砂松鹤齐寿纹宫扇形铜镜

　　直径 17.8 厘米、通长 27.2 厘米、缘厚 0.38 厘米。

　　现藏广西壮族自治区博物馆。

　　圆形带把宫扇形。镜边与把边棱不相连，把上缠以藤条。镜背右侧一株古松和多株竹，枝叶繁茂，松竹错长。树的左下方有一仙鹤，两足并立，曲颈张嘴朝天，与左上方天上一只展翅高飞、曲颈转体而来的仙鹤相对而鸣。鹤的左下方地上有两灵龟举首爬行。在茂密的松竹叶上有行草"高砂"两个大字。"砂"字左侧的镜缘旁有一竖行小字铭文"天下一青山和泉守荣信"十字。直角式素窄高缘。

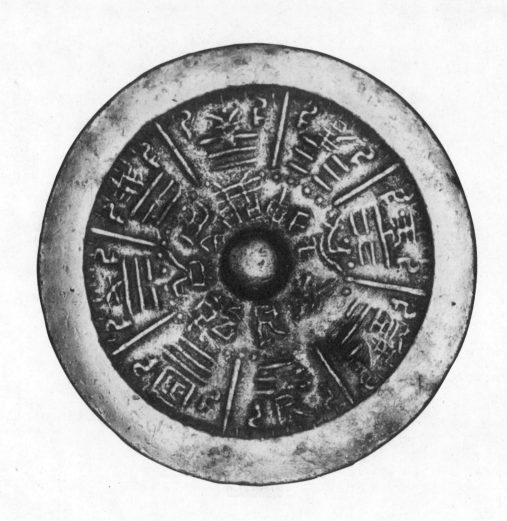

232. 民国七年八卦纹太君宝镜

直径 5.1 厘米、缘厚 0.25 厘米。

1965 年梧州市文教局移交。现藏梧州市博物馆。

圆形、扁圆钮、圆钮座。钮外一周八卦铭文逆时针环列"乾艮坎震坤巽离兑"八字，字外一圈圆珠纹。其外以八条斜竖短线将纹饰分为八个区，每区一八卦纹，纹饰与每个八卦铭文相对应，每个八卦纹下有一字铭文，合为"民国七年太君宝镜"八字。每字的左右两侧分别装饰有简单的线条式侧体半蹲抬手状的人形纹。再外为短线纹。素宽平缘。

后　记

　　早有将广西各地的铜镜资料整理、编写和出版的愿望，但却碍于种种原因而未能实现。为迎接 2004 年广西博物馆建馆七十周年，我馆决定编辑出版《百色旧石器》、《广西博物馆古陶瓷精粹》和《广西铜镜》三本书。馆长黄启善亲自赴京与文物出版社商讨出版事宜。此举得到文物出版社的大力支持，并派周成同志亲临我馆商议编写出版事项。编写的范围、篇幅、体例确定后，课题组的蓝日勇、陈小波同志除了电请各地市县文博单位提供馆藏铜镜资料及照片，还亲赴全区部分市县文博单位收集铜镜资料和照片。铜镜资料汇集后，由陈小波同志鉴定，分类，挑选，确定图版，编制目录，并逐件对铜镜进行了描述，撰写图版说明，然后对铜镜作全面系统的研究，按时代顺序分节逐类撰写了铜镜的特点及其发展概貌。最后由刘小放、党春宁负责拍摄铜镜照片，杨小菁负责拓片。黄启善、蓝日勇对书稿进行了最后审定。孔祥星先生为本书撰写了序言。本书在收集资料和编写的过程中，得到全区各地文博单位的大力支持。特别是梧州市博物馆、桂林博物馆、柳州市博物馆、兴安县博物馆、恭城县文物管理所、平乐县文物管理所、全州县文物管理所、容县博物馆、北流县博物馆等单位的领导和同仁们，除了慷慨提供藏镜资料，还多方面给予工作上的便利。潘郁生、黄慧光、韦加军、于凤芝、肖敏、刘桂荣、和炜、陆文东、李乃愔、梁萍、张月安、黄清华、覃国宁、黄利捷、郭绒光、杨向东、李发盛、谭振邦、叫恩俊、王伟昭、左志强、张春云、曾宪瑜、肖清薇、胡祖耀、刘琦、苏勇、冯桂淳、郑彩云、梁楚、唐际红、凌英伟、庞家祥、刘志芬、刘家毅、唐丽娟、全建兰、万荣、龚海、黎宪宏、黄亮、李炎明、磨小云、郑锂湘、聂敏莉、廖清芳、蒙绘朝、唐一健、邓根珏、韦远裕、杨李、梁富林、罗志柏、劳利群、谢军、黄毅、石磊、罗年光、封绍柱、陈樱方等同志给予了具体的帮助。有的提供铜镜的文字资料，有的提供铜镜的照片或拓片，有的协助誊写或打印，付出了辛勤的劳动。在此向他们表示诚挚的敬意和衷心的感谢！因限于时间和水平，书中的错误和不当之处在所难免，敬请读者指正。

编　者

2003 年 12 月

封面设计　周小纬
责任印制　王少华
责任编辑　周　成

图书在版编目（CIP）数据

广西铜镜/广西壮族自治区博物馆编 . –北京：文物出版社，2004.4
ISBN 7-5010-1578-3

Ⅰ.广…　Ⅱ.广…　Ⅲ.古镜-鉴赏-广西　Ⅳ.K875.2

中国版本图书馆 CIP 数据核字（2004）第 010825 号

广　西　铜　镜

广西壮族自治区博物馆　编

主　编　黄启善

副主编　蓝日勇　陈小波

文 物 出 版 社 出 版 发 行

（北京五四大街 29 号）

http://www.wenwu.com

E-mail：web@wenwu.com

北京美通印刷有限公司印刷

新 华 书 店 经 销

787×1092　1/16　印张：18.5

2004 年 4 月第一版　2004 年 4 月第一次印刷

ISBN 7-5010-1578-3/K·802　定价：180 元